マルチン＝ハイデッガー

ハイデッガー

● 人と思想

新井恵雄 著

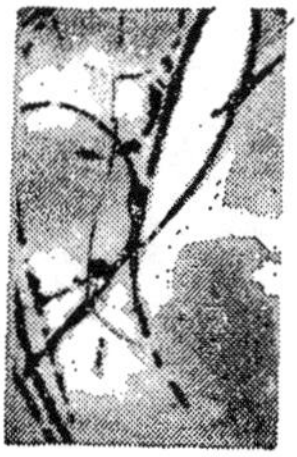

35

CenturyBooks 清水書院

ハイデッガーについて

ハイデッガーとの出会い

私がハイデッガーの哲学に初めて触れたのは、十数年の昔、東大哲学科の学生のころであった。当時私はヤスパースに傾倒していたから、同じ現代ドイツの実存哲学者としてヤスパースと並び称されるハイデッガーにも、当然関心を持ったのである。私はそのころ開かれていた原佑先生のハイデッガーについての特殊講義を熱心に聴《き》いたし、本屋で見つけたハイデッガーの原書を買いこんできて、読み始めもした。しかしハイデッガーの難解さは、正直いって当時の私の理解力を越えていたといってよい。ドイツ語の語学力も不足していたであろうし、また、ヤスパースの膨大な著作を読むかたわらに指導してくれる人もなくハイデッガーをとりあげるといった安易な姿勢では難解なハイデッガー哲学を理解できなかったのも当然であったろう。当時日本ではまだ、ハイデッガーの翻訳《ほんやく》も研究書も数少なかった。

だから、ハイデッガーの著作に本当に触れたといえるのは、大学院に入って原先生の『存在と時間』の演習に出席するようになってからだといえる。その演習はすでに数年前から始まっていたのだけれども、用語の意味や使い方を一つ一つ確かめてゆく緻密《ちみつ》なやり方で進み方は遅かった。私が演習に加わった時は、やっと「他人の問題」に入りかけたところだったと覚えている。それは私にとって幸せなことであった。というのは、当時私は人間関係に興味があって、卒業論文にもヤスパースの「交わり」をとりあげていたからである。私はたちまちハイデッガーに魅せられた。初めてヤスパースを読んだ時と同じような感動に心をゆすられたし、また他方、それまではまったくヤスパースの世界に没入して他をかえりみなかった偏狭な心が、新しい哲学の世界に開かれたのを感じさせられもしたのである。

実存主義とハイデッガー

ハイデッガーとヤスパースは、一般には同じ実存主義の哲学者として同列に扱われているけれども、二人の哲学は内容はもとより、その性格や哲学についての考え方、哲学への姿勢などに、かなりの違いがある。あるいはむしろ正反対のところさえあるといってもよい。ヤスパースは人間の実存を対象化して客観的に分析することはできないとして、ただ実存しつつ突き当たり、とらわれ、つくり出す実存の現実そのものを照らし出そうとする。ヤスパースの『実存照明』(『哲学』第二巻)からは、孤独な実存の絶望と、しかも、絶望を越え出ようとする苦悩に満ちた真剣な努力と、肯定への意志がなまなましく浮かびあがってくる。私は優れた文学書を読む時と同じような、重苦しい共感の吐息をもらさずにこの本のページをめくることはできなかった。

これに対して、ハイデッガーが彼の主著『存在と時間』で試みた思索は全然異なっている。ここでも人間存在が当面の主題であり、しかも、その本質は実存としてとらえられている。しかしハイデッガーがおこなったことは、現実を描き出すことではなくて、むしろ私たちの現実を成立させ惹《ひ》きおこしている人間存在の基本的な構造を、厳密な学問的分析によって摘出することであったのである。

こうした相違は、何もヤスパースとハイデッガーだけの間にあるのではない。キルケゴールを始めとしてニーチェ、サルトル、マルセルなど、いわゆる実存主義の思想家といわれる人々を並べてみても、それらの人人の思想は同じ実存主義の名で一括してよいかどうか躊躇《ちゅうちょ》されるほど異なっている。実存主義というのは、一人の創始者のもとに追随者が馳《は》せ参じてつくりあげた学派の名まえではないし、また一枚岩といわれるマルクス主義のように、共通な、むしろ同一な基礎理論の上に構成される思想でもない。それが一体、実存主義という共通な名まえで一括されるのはなぜであろうか。

存在の哲学

しかもハイデッガーの場合、自分の思想を実存主義、あるいは実存哲学と呼んだことは一度もない。むしろ『ヒューマニズムについて』という小冊子の中では実存主義を自分の思想にまったく反するものとして退けていさえするのである。サルトルの思想はすべてのものを否定する個人の意識の自由を主張する自己中心的な、あるいは人間中心的なものである。日本でも一般に実存主義というと、このような思想として、つまり、かけがえのない自由な自分の存在を主張する思想として理解されているのではないだろうか。日本で実存主義が流行したのは第二次世界大戦後、サルトルの思想が輸入されてからである。当時、人々は戦争や戦後の混乱の中で、人間の悲惨さを体験し、不安や絶望の中で自分の生きるべき道を見失っていた。実存主義は――この点はハイデッガーも同様であるけれども――有限な人間のみじめさを容赦なくえぐり出し、不安や絶望に高い価値を与え、しかもその中で、かえってかけがえのない自分の存在の尊さを私たちに教えてくれたのである。そのうえ、自己中心的に理解された実存主義が、個人の自由と権利を土台とする民主主義への転換に、ある意味で適合していたということができるであろう。

しかしハイデッガーは逆に、人間中心的・自己中心的であるという点で実存主義を拒絶するのである。ハイデッガーは実存主義を主観主義だという。主観 subject とはもともとラテン語の subjectum から由来し、その語は「下に置かれたもの」つまり基礎とか土台とかを意味する。ハイデッガーによれば、実存主義は人間を主観としてとらえるもの、すなわち、人間を基盤とし、そこからすべてのものを理解する思想である。しかし、すべてのものの根拠は人間ではなくて「存在」であり、私たちは存在の語りかけに応答し、その要求に従い、存在の真理が明けそめるのを見守らねばならない。実存とは、自己を脱し我執《がしゅう》を捨てて存在の明るみの中に立ちいでることである。ハイデッガーはそのように考えるのである。

たしかにハイデッガーは『存在と時間』では人間のあり方を実存に基づいて分析した。しかし実はこのような人間解明がこの本の究極の目標だったわけではない。究極の課題は存在一般の意味を明らかにすることなのであって、人間存在の解明はそれに到達するための方法だったのである。その後も、現在にいたるまで、ハイデッガーが終始一貫して求め続けてきたものは存在の真理——二千数百年前、古代ギリシアで誕生して以来、哲学が持ち続けてきた最も古い問題である存在の真理——にほかならなかった。しかもハイデッガーは、後には人間解明という方法さえ放棄して、自ら存在の明るみの中に立ちいでつつ、存在の真理を語りだそうとするのである。

現代を越える哲学

いったい、このようなハイデッガーの哲学が実存主義という名で呼ばれるのはなぜであろうか。実存主義とは人間の本質が実存にあると考える思想である。としても、そのことは実存を思索の対象とし、分析し、描き出すことではない。もともと私たちの実存は対象的・客観的にとらえることができないものである。実存主義とは自ら実存することの中から生み出される思索をいう。実存主義が一つの学派の名称でなく、その名で呼ばれる人たちの思想がそれぞれ異なっている理由はそこにある。実存とは、現実の状況の中で私たちがそれぞれ自分で実現しなければならない独自なあり方、他人に代わってもらうことができない私自身の真のあり方であり、それから発する思索がそれぞれ独自なものであるのは当然のことだからである。その点ではハイデッガーの哲学も、まさに実存的な哲学である。ヤスパースの哲学と性格が異なるにもかかわらず、私が同じ感動をおぼえたのも、ハイデッガーの学問的な分析の中に、あるいは神秘的な存在の思索の中に、ハイデッガー自身の実存の息吹きを感じとったからにほかならなかったのである。

それゆえ、ハイデッガーの哲学は他の実存主義哲学と同様、自分が生きる現代と、この現代を生み出したヨーロッパの精神史に対する深い洞察と批判を内に秘めている。主観主義というのは単にサルトル流の実存主義に向けられたにすぎない非難ではない。ハイデッガーによれば、主観主義は近代を支配し特徴づける思想であって、現代の技術文明こそ、その頂点をなすものにほかならない。否《いな》、近代ばかりではない。主観主義はかのギリシアの昔、哲学が誕生したころすでに芽生えたのであり、それ以来、二千数百年のヨーロッパの思索と文化を支配し続けてきたのである。いいかえれば、ヨーロッパの歴史は私たちの根拠であり、故郷である存在を忘却し、棄て去った歴史であり、現代は故郷を失った人々が集まる世界の夜の時代である。私たちは今こそ存在に身を開き、存在の光が夜を明けそめるのを待たねばならない。ハイデッガーはそう説くのである。このような考えの良否はともかく、ハイデッガーの思想は少なくとも私たちに科学技術の謳歌《おうか》する現代に対して、厳しく対決することを迫ってくる。古めかしい存在という問題をかかげながら、その哲学は現代を生き、現代に対決しつつ、現代を越えゆく道を指し示そうとしているのである。

目次

ハンブルク
ベルリン
ドイツ民主共和国
ドイツ連邦共和国
ボン
マールブルク
チューリンゲン
フランクフルト
ルクセンブルク
ミュンヘン
フライブルク
トトナウ
コンスタンツ
メスキルヒ
ボーデン湖
チューリヒ
スイス

ハイデッガー関係略図

I

ハイデッガーの歩んできた道

ハイデッガーの歩んできた道

自分を語らぬ人

ハイデッガーの生い立ちや伝記を語るのは困難なことである。というのは何よりも彼が自分について語ることを好まない人だからである。ハイデッガーが哲学として昇華したもの以外、自分自身の個人的体験や経歴について語った文章は二つしかない。その一つは一九一四年に書いた学位論文に付された経歴である。当時、学位論文にはかなり詳しい自分の経歴を付け加えるならわしがあったのだけれども、ハイデッガーはそれさえ、わずか十一行でかたづけているのである。青年時代までのハイデッガーについて、私たちが正確に知ることができるのはこの十一行以外にないといってよい。もう一つは、フライブルク大学教授の時、彼は二度もベルリン大学に招聘《しょうへい》されたのを断わったのだが、その理由について地方紙に書いたものである。

これがすでに哲学史的な評価を確定した昔の人ならば問題はない。たとえば同じ実存主義の思想家でも、キルケゴールやニーチェの伝記は詳しく研究されていて、私たちはその研究によって、彼らの人となりとか、あるいは彼らのどのような個人的体験がどのようにその思想とかかわりを持ったかということを知ることができる。だが、現在もなお活躍中のハイデッガーの伝記については彼の友人や弟子たちの部分的・断片的な記述を通してしか知ることができないのである。たとえ現代の哲学者でも、二つの自叙伝を書いているヤスパースのように自分を語ってくれるならば、私たちは一つの思想が生み出される背景や状況を、その時の体験や心情を知ることができる。けれどもハイデッガーにはそれも欠けているのである。

ハイデッガーは哲学にとって、個人的な生活や体験はどうでもよいものと考えているのかもしれない。あるいは反対に、彼の個人的生活はすべて彼の哲学の中に投入され尽くされているのかもしれない。実存哲学が自分自身の固有の実存から哲学することであるならば、それは彼が生きてきた現実と無関係のはずはないし、そのうえ私たちはハイデッガーの著作に触れる時、たしかにハイデッガー自身の実存の訴えを聞くことができるのである。ただ、いずれにせよ、ハイデッガーの哲学は単に自分の実存的体験や現実を直接に語り出す

ハイデッガー（左から2人め）とその家族（1952年）

のではなく、それらは深い思索の迂《う》路《ろ》を通って哲学的に昇華され凝縮されて、彼の哲学の血肉となっているのである。

それゆえ、私たちはハイデッガーの歩んできた道とその歴史的背景をできる限り調べてみることにしよう。

一　哲学への道
——第一次世界大戦まで——

ハイデッガーの生まれた時代

一八八九年九月二十六日、ハイデッガーは南西ドイツのバーデン州メスキルヒで生まれている。

ハイデッガーが生まれた十九世紀末はドイツにとって光明に満ちた時代であった。長い間、たくさんの小国に分裂し、そのため政治的にも経済的にもヨーロッパ諸国から遅れをとっていたドイツは、一八七一年にプロシアの宰相ビスマルクの努力によって、やっと民族的統一を達成し、国力は飛躍的に増大してヨーロッパ列強と肩を並べるにいたったからである。

光明に満ちていたのはドイツばかりでなく、全ヨーロッパも同じであったということができるかもしれない。十九世紀末には、応用科学が飛躍的に進歩し、数々の発明や改良が行なわれて、人々はその結果を享受し始めていたからである。すでに一八五六年、ベッセマーによって新しい製鉄法が考え出され、安価で強靱《きょうじん》な鋼鉄が多量に得られるようになっていたこともあって、十九世紀末には、いっさいの産業部門が機械化され、電気工業やさまざまな化学工業が成立した。蒸気機関以外に、ディーゼルエンジンやガソリンエンジンなど石油を燃料とする新しい動力機関が発明されたし、また電気が新しい動力として使用され始めているのである。このありさまは第二次産業革命というに値するものであった。この時期にフランスやイタリアやベルギーやアメリカ合衆国などが工業国になっている。そしてドイツが工業国になったのもこの時であった。ドイツは一八七〇年から七一年にかけての普仏戦争の勝利の結果、エルザス（アルサス）とロートリンゲン（ロレーヌ）という資源に富んだ二州と多額な賠償金をフランスから獲得したし、持ち前の勤勉さ、科学的能力、計画性、組織化の能力、あるいは国内労働者の低賃金などによって急速度な資本主義的発達をとげたのである。

さらにまた、電気機関車や自動車などの新しい交通手段がつくり出されたのも、電話という新しい通信手段が発明されたのも十九世紀末のことである。エジソンの白熱燈の発明もある。人々の生活は便利になり、富は蓄積され、国力は増した。たしかに、こうした繁栄の中には世紀末的な頽廃《たいはい》の影が忍び込んでいたし、機械文明による人々の大衆化という現象も付随していた。それに対してはニーチェが、否《いな》、すでにそれ以前十九世紀前半にキルケゴールが警告を発していたし、ショーペンハウエルの厭世的な著作も読まれるようになっていた。あるいは後進国ドイツの急速な資本主義的発展はヨーロッパの政治的均衡をゆるがし、すでに心ある人々は不吉な未来を感じ始めていたのである。すなわち、その急速な発展が先進諸国にとって脅威《きょうい》であったのに、ドイツは先進諸国によってほぼ分割が終わっていた植民地経営に割り込み始めたからである。しかし、多くの人々は科学技術によって裏打ちされた人類の進歩と明るい未来を信じて疑わなかったのであった。

ハイデッガーの故郷と幼年時代

ハイデッガーはこのような時代に南西ドイツの小さな田舎《いなか》町メスキルヒに生まれ育った。メスキルヒはドナウ川の上流に近く、それとアルプスにはさまれた高原、すなわちアルプス前立地帯と呼ばれる地域に位置し、ローマ時代の古い城館を中心に発展した町である。氷河時代、アルプスから流れ出た氷河におおわれていたそのあたりは、氷河の押し出した堆石が無数の丘を形づくり、そこに針葉樹の森や牧場や畑が広がっている。

ハイデッガーの父はフリードリッヒ、母はヨハンナといい、カソリック教徒であった。父は聖マルチン寺院の寺男であり、また桶《おけ》造りの親方でもあった。信仰深い両親の慈愛の中でハイデッガーはのびのびと子供時代を過ごしたらしい。

……森の中でかしわの木が切り倒されると、父はその場に急ぎ、割り当てられた材木で桶を造り始める。子供たちはかしわの木片で舟をつくり、座席や舵《かじ》をこしらえて、小川や学校の泉に浮かべて遊んだ。その遊びは子供たちの空想にとって、世界をめぐる旅にほかならなかったけれど、どこへ舟出しようと、子供たちは母の目と手の中にあり、安らかに護《まも》られていたのである。……

ハイデッガーは後年『野の道』と題する美しい小文の中でこのように子供時代を回想している。

野の道

野の道とはメスキルヒの城館を出て麦畑と牧場の間を通り、丘を越えて森を抜け、再び町に還《かえ》る一筋の道のことである。春には麦畑が青々と芽吹き、初夏には桜草が咲き始める道、朝にはひばりが舞い上がり、夕暮れにはアルプスの山々が森のかなたで暗闇の中に消えゆく道である。そこでは子供たちが遊びまわり、夕方木樵《きこり》が柴《しば》の束を引きずって家の炉端《ろばた》へと帰って行くのであった。

『野の道』

故郷のこの自然がハイデッガーに与えた影響ははかり知れないものがあった。青年時代、時折、野の道をたどり、道のかたわらのかしわの大木の根元にあるベンチに寄って、偉大な思想家たちの書物を読んだり、思索にふけったりした。彼が哲学に生涯をかけることを決意したのも、この野の道であるという。ハイデッガーの語るところによれば、他人の書物を読む時でも自分の思索にふける時でも、彼を導いてくれたのはこの故郷の野の道なのであった。というのも、この野の道でハイデッガーが、あのかしわの舟で遊んでいた幼年時代からおぼろげながらも聞きとっていたものは、「存在」のひそやかで単純な呼びかけだったからである。四季に応じてさまざまに移り変わりながらも、野の道は昔も今もいつも存在の真理というこの同じ一つのことを呼びかけていたからである。『野の道』という作品はこのように彼が一生をかけて思索の対象とし、求め続けた存在の世界を美しくも簡潔に結晶させた珠玉の小品である。だが、ハイデッガーが思索したこの存在の世界に立ち入るのは後のこととしなければならない。

学校時代

少年時代からハイデッガーの才能は周囲の人々の認めるところであった。四年間の小学校を終えた彼は一九〇三年十四歳の時、聖マルチン寺院の神父の世話でコンスタンツのイエズス会に送られ、ハインリッヒ・スーソー・ギムナジウムで勉強することになった。コンスタンツはドイツ最大の湖、ボーデン湖の西岸ライン川の出口に古くから栄えた町である。またギムナジウムとは、将来大学で学ぶことを希望する少年が入学する八年制の学校であり、日本でいえば中学と高校を合わせた学校と考えればよいであろう。ちなみにドイツでは将来大学に入らず職業につこうとする少年は、ハウプトシューレという四年制の中学に通うことになっている。

その後三年ほどして、ハイデッガーはフライブルクのベルトルト・ギムナジウムに転校し、一九〇九年同校を卒業、フライブルク大学に入学した。二十歳の時である。

フライブルクはバーデン州が誇る風光明媚《び》なシュバルツバルトの山麓にある。その歴史は一一二〇年にまでさかのぼり、古くは市場町として栄えたけれど、今では行政と大学の町として発展している都市である。このフライブルクこそ、六年間のマールブルク時代を除いて、ハイデッガーの哲学活動が続けられてきた場所であった。フライブルクのすぐ近く、シュバルツバルトの山の中にスキー場として名高いトトナウという村がある。そこのスキー小屋から『存在と時間』を始め、数多くの彼の著作は世に送り出されたのである。

ハイデッガーが思索にふけったトトナウのスキー小屋

今でも彼はそこに住み、時折フライブルクに降りては、選ばれた何人かの若い哲学徒たちに彼の思索を語りきかせているのである。

哲学への道

フライブルク大学は一四五七年に創設された名門校であり、その神学部は十七〜十八世紀にはイエズス会信仰の影響を受けていた。ハイデッガーは上述したように、イエズス会信仰の中で育ち、その教育を受けてきたのだし、また当時すでにイエズス会修道士見習という資格を持っていたというから、大学入学は神学を修めるためであったのかもしれない。少なくとも、入学当初はたしかに哲学の講義も聴講したけれども、まだ哲学者としての道を歩むことは決意されてはいなかった。ハイデッガーの友人であり弟子でもあるエゴン＝フィエタという人によれば、その決意は一九一一年、あの故郷の野の道を歩きながらなされたのだという。たしかに、この年からハイデッガーの勉学内容は変わったらしい。彼自身のいうところによれば、一九一一年以後はことに、哲学、数学、自然科学、そして最後の学期には歴史をきいている。

なぜ、ハイデッガーが哲学することを決心するようになったか、詳しい事情は明らかではない。だが、『野の道』にほのかにみえるように、彼には幼いころからすでに哲学的志向があったであろうし、実際、少年時代から哲学には惹《ひ》かれていたらしい。コンスタンツのギムナジウム時代からハイデッガーは哲学書をひもといていた。ある人によれば、神学から哲学への転向はフランツ＝ブレンターノの著作に触れて影響されたことによるという。しかも当時のフライブルク大学は、ハインリッヒ＝リッケルトが来任してすでに十数年たち、ヴィンデルバントのいるハイデルベルク大学とともに西南ドイツ学派（バーデン学派ともいう）という新カント学派の一派を形成してドイツ哲学界の中心の一つになっていたのである。けだしフライブルク大学は、哲学的志向を有する若きハイデッガーを魅了するのに十分な雰囲気に溢《あふ》れていたであろう。

当時の哲学の状況

新カント学派とは、十九世紀中ごろより始まった認識批判の哲学学派のことである。十九世紀中ごろ、ドイツの哲学者の中には自然科学の飛躍的発展に圧倒されて自然科学を絶対視し、すべての現象を物質の機械的な運動から説明しようとする機械的唯物論が現われた。モーレスコット、フォークト、ビュヒナーといった人たちである。彼らによると、たとえば思想や精神も脳髄の所産にすぎないという。このような素朴で独断的な唯物論は、哲学的には実《みの》りあるものではなかった。しかしこのような思想が現われて、しかも流行をみたということは注目に値する。それは科学万能の考え、科学的知識が唯一の知識だとする考え、あるいは、広く実証主義的傾向が人々の間に広まってきたことを意味するからである。哲学は哲学であろうとする限り、科学に対抗して自分の領域を確保し擁護しなければならない立場に立たされていたのである。

二十世紀初め、第一次世界大戦前のドイツ哲学界の状況はこうした科学主義に対する同調や反発によって特徴づけられる。一方には、自然科学の前にひれ伏し、その婢《ひ》となって独自性を失った一派がいたし、また他方には、合理的・自然科学的認識では把握できない、生の直接的把握に使命を見いだそうとする哲学、ショーペンハウエルやニーチェの流れをくむ「生の哲学」があった。なかんずく、ハイデッガーが哲学の勉学にいそしんでいたころは、一九一一年に亡くなるまで精力的な活躍を続けた生の哲学者ウィルヘルム＝ディルタイの影響がまだ続いていたのである。そして第三にこの新カント学派が隆盛をきわめていた。

新カント学派

新カント学派とは、一方では反実証主義、他方では反形而上学の立場から、科学の本質を明らかにし根拠づけることに哲学の使命を見いだした学派である。この仕事はすでに、十八世紀にカントによって試みられていた。それゆえ、彼らはカント哲学の解釈を通じてこの問題にとりくんだのであって、新カント学派という名はリープマンが『カントとその亜流』（一八六五年）という著作の各章の終わりごとに、「それゆえ、カントに帰らねばならない」と呼びかけたことに由来するものであった。

だが新カント学派の実《みの》りある成果はその中から二つの有力な学派が現われるにおよんで達成されたといってよい。一つはマールブルク学派といって、コーヘン、ナトルプ、カッシラーといった人たちが主として数学的自然科学の基礎づけをおこなったことである。他の一つが西南ドイツ学派であり、上述のようにヴィンデルバントやリッケルトを代表者とするこの学派は、主として文化科学ないしは、歴史科学の基礎づけを仕事としていた。彼らによれば、自然科学と文化科学（歴史科学）の相違はとり扱う対象が違うところにあるのではなく、方法の相違によるのである。自然科学は対象の持つ特殊性や個性を捨て去った「法則定立的」あるいは「普遍化的」な方法をとるのに対し、文化科学は「個性記述的」あるいは「個性化的」方法をとり、歴史的な対象の持つ一回限りの個性や価値を把握しようとするのだ、という。

著作活動の始まり

リッケルトの指導のもとに哲学の勉学を続けたハイデッガーは、したがって、まず新カント学派の立場から認識問題に思索を向けていた。一九一二年からハイデッガーは雑誌に小論文を発表しはじめたが、最初の主要な著作は一九一四年、すなわち第一次世界大戦の始まった年にフライブルク大学に提出された学位論文『心理主義における判断論』であるといってよい。さらに翌一五年の夏学期に教授資格論文『ドンス＝スコトスの範疇論及び意味論』が同大学に提出され、ハイデッガーはフライブルク大学の私講師として採用された。こうして、ハイデッガーの哲学教師としての第一歩が踏み出されたのである。

学位論文は十九世紀以来おこなわれてきた論理学における心理主義を徹底的に批判し、論理学は純粋に論理学的に打ち立てられねばならないことを判断論に関して考察したものである。教授資格論文は一六年に結語を付け加えて出版されたが、その名の通り十三世紀の哲学者ドンス＝スコトスの哲学の吟味である。いずれの論文も新カント学派的な立場から、いわば論理学者としての思索がおこなわれていて、後年の実存哲学者としてのハイデッガーの面影はほとんどうかがわれないといってよい。

ただ一九一六年に出版の時、教授資格論文のスコトス論に付け加えられた結語は注目されてよい。そこでは、論理学は超論理的な源泉を持ち、その源泉から初めて真の光の中でみられるようになること、したがって、哲学はこの光についての学問、すなわち形而上学を欠くことはできないのだと主張されているのである。ここには明らかに、論理学的な問題設定を越え出て、その根拠に迫ろうとする形而上学的な姿勢がうかがわれる。しかもその源泉の場は歴史的現実であり、認識論的・論理的主観に代わって生ける歴史的精神がとらえられるべきことが主張されているのである。後年ハイデッガーが『存在と時間』で展開した基礎存在論は歴史的な日常世界に定位しつつ、実存に基づいて、私たちの認識や思索のみならず、すべての学問の基盤を新しくとらえかえそうとする試みであった。とすればこの結語には、すでにおぼろげながら後年の彼の思索の方向を示唆するものが現われているといってよい。

エドムント＝フッサール

フッサールの来任

しかもこの一六年には、ハイデッガーの哲学に大きな影響を与えたできごとがおこっている。リッケルトが西南ドイツ学派の開祖、ヴィンデルバントの後任としてハイデルベルク大学に転じ、その後任として現象学を創唱したエドムント＝フッサールが来任したことである。現象学は新カント学派には反対する立場から、「事象そのものへ」というモットーをかかげて、直観的に本質を把握するという先験的な意識を記述することを仕事とする。ハイデッガーはフッサールの授業に出席したりしてその影響を受けていくのである。『存在と時間』は方法に関してこの影響のもとで成立したのであり、「尊敬と友情をこめて」フッサールに捧げられたのであった。

こうして、ハイデッガーの新しい哲学への思索は始まった。しかし、この新しい思索の萌芽が結実するまで、ハイデッガーは、実に十一年の長い間、沈黙し続けなければならなかったのである。

二　基礎存在論の時代

——一九二九年まで——

第一次世界大戦

新しい哲学へハイデッガーの思索が始まった時は、第一次世界大戦の真只中《まっただなか》であった。

この大戦が一九一四年夏、ボスニアの首都セラエボでのオーストリア皇太子暗殺をきっかけとして勃発したことは周知の通りである。七月二十八日オーストリアがセルビアに対して宣戦布告をすると、それを支援するドイツは、ロシア及びフランスに対し相ついで戦端を開き、イギリスがフランス側について戦火はついに全ヨーロッパに拡大した。ドイツ軍は当初、短期決戦をもくろんでいたのだけれども、東部戦線でロシア軍に大勝したものの西部戦線ではフランス軍に敗れ、開戦一か月後にはすでに長期戦のようすを呈してきた。だがこの膠着《こうちゃく》状態も一九一七年アメリカ合衆国をはじめ、それまで中立を保っていたラテン系アメリカ諸国や中華民国などが連合国側について参戦するに及んでようやく解け始め、戦況は同盟国側（ドイツ側）に不利になっていった。一九一八年三月不利な戦いをくつがえすべくドイツ軍が西部戦線でおこなった大攻勢も失敗に終わって、ついに同盟国側の降伏となったことは周知の通りである。この年の九月まずブルガリアが、十月にトルコが、十一月にはオーストリアが降伏した。

ドイツでは、十月マクシミリアンが内閣を組織すると、ただちにアメリカに対して休戦交渉を開始したけれども、戦争に苦しんできた国内の情勢は険悪となり、十一月三日、キール軍港に停泊中の海軍水兵たちの暴動をきっかけとして、革命運動が全国に広まっていった。そしてついに、皇帝ウィルヘルム二世は退位して、オランダに亡命、新しく社会民主主義の新政府が誕生した。四十余年にわたったドイツ帝政（第二帝国）の崩壊である。新政府は、十一月十一日、さっそく休戦条約に調印し、ここに四年余にわたった戦争も終結したのであった。この間、一九一七年ロシアにおいても革命がおこり、史上初めての共産主義国家が誕生していったことも、第一次世界大戦の生んだ世界史的できごととして忘れてはならない。

第一次世界大戦の性格　第一次世界大戦が全世界に、戦勝国、敗戦国を問わず全ヨーロッパに与えた打撃は深刻なものであった。この大戦は現代そのものを象徴するできごとであり、ことに、ヨーロッパにとってはヨーロッパ世界の崩壊と没落をうながす転換点ともなったのである。

人的、物的損害を数えあげただけでも途方もないものである。数字をあげてみよう。この大戦では連合国、同盟国を合わせて、六〇〇〇万人を越える兵力が動員され、そのうち九〇〇万人近くが戦死し、二〇〇〇万人以上が負傷した。この人命の損失は、十九世紀におこった戦争全体の犠牲者の二倍以上にあたるという。そのうえ、飢餓《きが》や、インフルエンザ、虐殺などで九〇〇万人を越える一般市民が倒れたのであった。物的損害は一八〇〇億ドルを越えると推定されている。総戦費は三三〇〇億ドル、直接戦費だけでも全交戦国を平均して国富の一六％、同盟国だけでは実に二五％以上にあたるという。

　このような大消耗戦が可能になったのはいうまでもなく、科学技術の進歩があったからである。交通、輸送、通信手段の改革は多数の兵士と多量の物資を戦場に送り届けるのを可能にしたし、その兵士の扱う武器は銃後の工場で大量生産された。しかも、進歩した科学技術はさまざまな新しい大量殺戮《さつりく》のための武器を生み出したのである。強力な火薬（ノーベルによるダイナマイトの発明は一八六七年のことである）、巨大な大砲、機関銃、毒ガス、戦車、飛行機などは一度に多数の人間を機械的に殺傷する。今や戦争は、かつてそうであったような、おのれの名誉をかける英雄たちの戦いといった人格的な色彩を失った物量戦と化した。兵士そのものが、その物量を構成する消耗品にほかならなかったのである。

　このような大消耗戦は、銃後をも否応《いやおう》なしに巻き込んでしまう。前線に送られることを免れた者も、銃後で軍需物資の生産や輸送に動員される。戦争はもはや従来のように、単に前線で戦われるだけのものではなく、国民生活のすみずみまで浸透し、国力のすべてを挙げて戦われる総力戦と化したのである。しかも、膨大な戦費調達のため各国とも重税が課せられ、生活費は暴騰した。大戦前では国民所得に対する税の比重

タンクを攻撃するドイツ軍

は、各国とも一〇％内外であったのに、たとえば戦勝国イギリスでは二二％、敗戦国ドイツでは実に、二五％以上となった。物価の騰貴率は大戦直前に対し、大戦直後ではイタリア二五〇％、フランス二二七％、イギリスでも一三七％、ドイツにいたっては三一五％になるという。しかも敗戦国ドイツのインフレは敗戦後数年間、恐るべき勢いで進行し、一九二三年にはマルクはまったく無価値になっている。戦前には一マルクは二五セントであったが、一九二三年一月には一ドルが五万マルクになり、同年十一月には実に一ドル二五億二千万マルクに暴落、一枚の切手が五千万マルクに値するまでになっているのである。

大戦の精神的影響

このように国民大衆に過重な犠牲を強《し》いたこの戦争に対し、そしてまた、この戦争をもたらしたヨーロッパ文明に対して人々が疑いを抱き絶望するようになったのは当然のことであったろう。「ヨーロッパはその思惟の中枢のすべてにおいて、もはや自分を自分と認めえぬことを、自分が自分に似ることをやめたことを、意識を失いかけていることを感じた……」（ポール＝ヴァレリー『精神の危機』桑原武夫訳）のである。

しかもヨーロッパは、自分たちがひきおこしたこの戦争の始末を、自分たちの手でつけることができなかった。すなわちアメリカ合衆国の参戦によって初めて戦争は終結されたのであり、戦後の処理も米国の主導権のもとでおこなわれていったのである。戦後ヨーロッパ諸国を歴訪したアメリカ大統領ウィルソンは各地で「救世主の如く」熱狂的な歓迎を受けたという。ヨーロッパは無力になり、もはや従来のように世界史の指導的中心であるという資格を失ったことを人々は悟らざるをえなかったのである。この大戦がヨーロッパにもたらしたものは、このようにあらゆる面にわたる破壊であった。それは単に人命の損失や、国土の荒廃、経済的な打撃のことばかりではない。ドイツ、オーストリア、ロシアなどいくつかの帝国の革命に象徴的に示されるヨーロッパ世界の旧秩序の崩壊であり、それはただちに、長い間ヨーロッパ人がよりどころとしていた価値秩序の崩壊を意味する。それはまさに終末の到来であり、人々が危機意識の中で不安におびえ途方にくれたのも当然のことであったろう。

「嵐は終わったばかりなのに、われわれはあたかも嵐がこれから勃発しようとしているかのように落ち着かないし、不安である」とフランスの詩人ヴァレリーは一九二二年に述べている。「ほとんどすべての人間事象が依然として恐ろしい不確定さの中にある。われわれは消え失せたものをうち眺め、われわれは破壊されたものによってほとんど破壊されているのだ。これから何が生まれ出ようとしているかは判《わか》らないし、われわれが、それを懼《おそ》れるのも無理はない。われわれは漠然と希望し、明確に恐怖している」（ポール＝ヴァレリー『ヨーロッパ人』渡辺一夫、佐々木明訳）

大戦後のドイツ

こうした不安と終末の意識はもちろん、敗戦国ドイツにおいて一層深刻であったであろう。「物心ついて以来、君主制の秩序しか知らなかった国民にとっては、帝政の崩壊は自分の意識の最も深い層までゆり動かされることを意味した」（マウ＝クラウスニック『ナチスの時代』内山敏訳）

のである。事実、戦後のドイツの混乱と動揺は激しかった。一九一九年二月、ワイマールで国民議会が開かれ社会民主党のエーベルトが大統領に選ばれて、ベルサイユ条約を結び、新しい憲法を採択して、ドイツはいわゆるワイマール共和国として新しい道をたどり始めたけれど、その前途は、けっして明るいものではなかった。外からは連合国諸国によって巨額の賠償を請求され、内には恐るべきインフレのもとで生活苦にあえぐ国民をかかえた新政府は、しかも左右両陣営からの攻撃を受けなければならなかったのである。

左翼分子にとっては、折角《せっかく》の革命がロシアにおけるような共産主義国家を生み出せなかったことが不満であった。すでに、一九一九年一月には、カール＝リープクネヒトとローザ＝ルクセンブルクに率いられたスパルタクス団がプロレタリア革命をめざして暴動をおこしている。

一方右翼にとっては、ベルサイユ条約そのものが耐え難い屈辱であり、彼らはそれを締結した新政府こそ、敗戦と戦後の苦難のいっさいの責任者だとみなしたのである。一九二〇年三月、ベルリンにおいて、カップ博士に率いられた軍隊が暴動をおこしている。いわゆるカップ一揆である。この暴動は政府によって鎮圧されたけれど、この暴動をきっかけとして、各地で極左と極右両方から暴動や暗殺が相ついでおこった。後年のドイツの運命を決定したヒトラーのナチスが誕生したのはこの時期であった。

エーベルト
ワイマール共和国初代大統領

そしてこのような社会的動揺は、一九二四年人民党のシュトレーゼマンが首相になって、インフレーションを克服し、社会情勢を安定させるまで続いたのであった。

危機の自覚

しかし、このヨーロッパ文明に対する終末や危機の意識が必ずしも、この大戦の結果として、この大戦によって初めて生じたものではなかったことは、注意されなければならない。進歩の時代といわれる十九世紀において、すでに、危機は鋭敏な知的洞察力を持った人々によって、感じとられていたのである。すなわち、キルケゴールとマルクスが異なった側面から見通していたし、十九世紀末にはランケやブルックハルト、そしてニーチェなどが、すでにヨーロッパ文化の破局を予感していたのである。一九一八年大戦直後出版され、時流に投じて一大センセーションを巻きおこしたシュペングラーの大著『西洋の没落』――これは世界史に現われる諸文化の形態を比較考察し、ヨーロッパ文明の没落を断定したものであった――が最初に書かれたのが、実は大戦の三年前だったのである。この人たちの洞察のようにヨーロッパの危機はけっして戦争によって偶然に生じたのではなく、ヨーロッパの文明そのものの中に、したがってまた、この伝統から生い立った全世界の現代文明の中に内在していたのだということができよう。

この大戦と大戦がもたらした精神的荒廃は、ヨーロッパ文明にとってけっして偶然的なものではなかったのである。こうした洞察はほんの一部の人のものにすぎなかった。一般の人々は第一次世界大戦が始まるまで、資本主義のもたらした繁栄の中で、ヨーロッパには平和と安定した生活が永久に続くものと信じていたのである。大戦勃発当時のこの状況は、ノーベル文学賞を受けたロジェ＝マルタン＝デュ＝ガールの『チボー家の人々』に詳細に描かれている。スイスのジュネーブに集まる社会主義者たちさえ平和は恒久のものと信じていたし、六月二十八日、セラエボでオーストリア皇太子夫妻が暗殺された時でさえ、初めはそれが全面的な戦争にまで拡大するものとはだれも思っていなかった。だが大戦はおこった。そして当初人々を引き込んだ民族的な熱狂がさめた時、初めて人々は、帝国主義的戦争の実体に気づき、現代文明にひそむ危機を悟ったのである。ひるがえって、私たちが生きている今日を考えてみよう。第一次世界大戦から今日まですでに半世紀が過ぎ去ったけれど、第一次世界大戦後人々が感じとった危機はもはや克服されているだろうか。むしろ世界の一体化が、ますます緊密化し、再度にわたって世界大戦を経験し、全人類を破滅させる原子兵器をすら所有するにいたった今日では危機の意識はますます深まり、しかもそれはヨーロッパばかりではなく、全世界に広まっているということができないだろうか。現代の危機と不安を明確にとらえ分析した実存哲学者カール＝ヤスパースの『現代の精神的状況』が書かれたのは一九三〇年であった。けれど、第二次世界大戦後、一九四六年刊行された第六版に付された序文でヤスパースは、「初版と現在の新版との間にたくさんのできごとがあったにもかかわらず、哲学的態度と世界展望の全体においては、この本は今日においても当時と同様に当てはまると思われる」と述べ、内容の変更は今の自分にはあやまりのように

カール＝ヤスパース

思われるとさえいっている。おそらく今日、危機はますます深まり鋭くなりこそすれ、けっしてなくなってはいない。現在は依然として危機の時代なのである。

新しい哲学の胎動

ハイデッガーは幸いにして徴兵を免れた。それはおそらく彼が、スキーを好むスポーツマンだったにもかかわらず、身体が弱かったせいであったろうといわれている。しかし新しい思索を開始したハイデッガーが、この危機を感知し西洋文明に疑いを抱かなかったはずはない。西洋の伝統を捨て新しく自分自身の実存の根源から考え抜くこと、それが彼の目ざしたことであった。

一九二〇年の手紙でハイデッガーは次のように書いている。……

「私は少なくとも何か別のことを欲している。多くのことではない、——つまり、私が今日の事実である崩壊の状況の中で≪否応《いやおう》なく≫経験しているものを、そこから≪文化≫が生まれるか、あるいは没落をはやめるものが生まれるかということには脇目《わきめ》もふらずに」

また、一九二一年の手紙では——

「私は……私がしなければならぬことを、そして私が必要だと思うことをする。私にできる仕方でするのだ——私は自分の哲学の仕事を現代一般に対する文化問題に合わせて調髪しはしない。……私は自分の≪私は存在する≫から、そして私の……由来の事実から仕事をする。この事実とともに実存することが激動するのだ」

ここにはすでに、自らの実存から哲学する姿勢がうかがわれるであろう。レービットというハイデッガーの弟子によれば、ハイデッガーはこのころキルケゴールの影響を受け、キルケゴールと混同されるのは欲しなかったけれど、キルケゴールによって自分の進むべき方向を定めたのであった。当時、彼の机の上にはパスカルとドストエフスキーの肖像が飾られ、部屋の片隅には十字架にかけられたキリストの像が掛けられていた、という。

このような新しい実存的思索は、ハイデッガーばかりでなく、危機の中で苦悩し新しい道を探し求めるヨーロッパ精神界の諸分野できざし始めていた。すでにフランスのガブリエル＝マルセルが、後に発刊された『形而上学日記』を一九一四年から書き続けていたし、精神病理学者としてすぐれた業績をあげていたヤスパースは、一九一九年『世界観の心理学』を書いて実存哲学への道を歩み始めた。ハイデッガーはこの本を読んで、一人の学生に「ヤスパースは独自な美しい道を進んでいる」と語ったという。彼はこの本の批判を書き、それはヤスパースに個人的に届けられた。それが現代を代表する、この二人の哲学者の交流の始まりであった。さらに同じ一九一九年、カール＝バルトが『ロマ書注解』を出して、人間存在に本質的にまつわる不安と危機を、そのような人間の神による救いにかける信仰を表明していたし、また同じ年

キルケゴール

に弁証法神学者のゴーガルテンが、二一年にはブルンナーも著作を発表し始めている。ハイデッガーはこの弁証法神学に深く心を動かされたという。ことに一九二三年マールブルク大学に転じてからは、彼はそこの同僚であった神学者ルドルフ＝ブルトマンとゼミナールをいっしょにするほど親しくなり、哲学より、むしろ弁証法神学に心を寄せていたほどであった。

マールブルク時代

今述べたように、ハイデッガーは一九二三年マールブルク大学に教授として転任した。

マールブルク

マールブルクはヘッセン州にあり、ラーン川沿いに絵のような城を持つ大学町である。その大学は一五二七年に建てられ、一五二九年にはすでにルターとツヴィングリとの間でおこなわれた論争、いわゆる「マールブルク宗教問答」で名をあげている。また、この小さな町をさらに世界的に有名にしたのはコーヘンとナトルプの新カント学派（マールブルク学派）である。しかしコーヘンは一九一八年に、ナトルプもまたハイデッガーが来任した翌二四年に没し、在職中のニコライ＝ハルトマンも存在論へと新しい道を歩み始めていた。ハルトマンの存在論は、後にはハイデッガーの実存哲学とまったく対立するようになったけれども、当時、二人はまだ存在論にかえるという姿勢で一致し、親しく交わった。彼らの弟子の一人の引っ越しを、ハルトマンとハイデッガーは仲良くいっしょに荷車を引いて手伝ってやったこともあった。

マールブルクでのハイデッガーの講義は魅力があふれるものであり、毎時間たくさんの学生が集まった。教室の中で彼は講義をするのではなくて、まさしく哲学していたという。教室に入ると彼は人々に目もくれず、窓際に行って小さな声で話し始める。その最初の言葉は学生たちには聞きとれないことが多かった。あるいは、たとえ聞きとれたとしても、おそらく彼らに理解できるはずはなかった。というのもハイデッガーは、学生たちに極端な集中力を強《し》いたからである。彼は精神を集中することを強制し、それから声は一段と高くなった。彼の声はしばしば耳をつんざくように大きくなり、時には嘲弄《ちょうろう》的に他の哲学者を批判したりしたという。

『存在と時間』の誕生

このような時代環境とマールブルクの生活の中で、ハイデッガーは彼の名を一躍有名にしたあの『存在と時間』を書き始めていた。そして、その第一部は（といっても、その第二部はついに今日まで書かれないまま終わっているが）一九二六年八月八日トトナウのスキー小屋で完成したのである。翌二七年春刊行された時、この著作は人々の間に大きな衝撃をおこしたのであった。

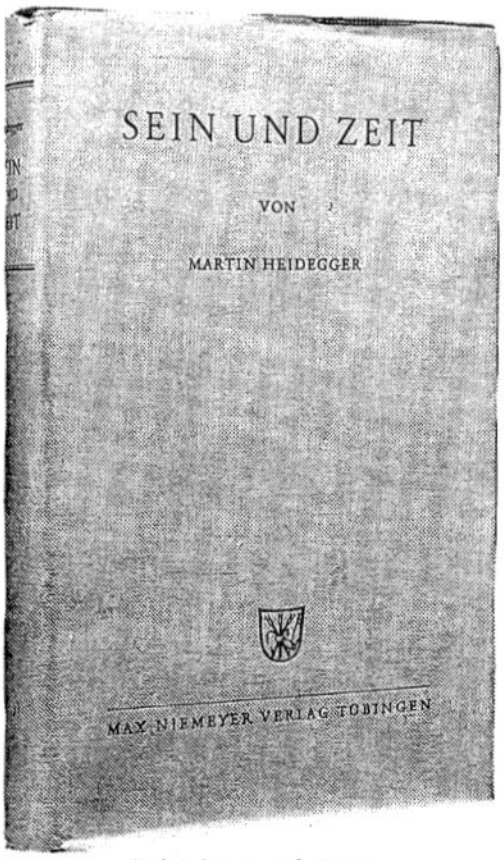

『存在と時間』

『存在と時間』は、ギリシアの昔から哲学が中心的な課題としていた「存在」の意味を明らかにすることを究極の目標としている。しかしそのための手掛《がか》りとしてハイデッガーがこの著作の主題としたのは、人間存在を実存に基づいて分析することであった。そこに注ぎ込まれた思索の根本的な力は人々を魅了するのに十分であったし、目標とするものの伝統的な古さにもかかわらず、それを扱う視点や人間分析の新しさは、新しい哲学を待望している人々の期待に応《こた》えるものであった。しかも一面においてこの著作が、ハイデッガー自身の意図にかかわりなく、現代文明批評としての側面を持っていたことは忘れられてはならない。『存在と時間』の中でハイデッガーは身の回りのことがらに心を奪われ、知らず知らずのうちに他人の支配のもとに屈して自分自身を失い、平均化し、画一的になった人間像を描き出す。そこでは、私たちは現代に生きるものとして自分自身の姿に直面せざるをえないであろう。そのような私たちが、自分自身を取り戻すのは、自分一人で死なねばならない、孤独で有限な自分の存在を不安の中で自覚した時である。他人の支配のもとにある日常世界から離脱した、有限で孤独で不安に満ち溢《あふ》れた世界、そここそ私たちの本来的な世界であり、そこで初めて私たちは存在の意味をも明らかにすることができるのだ、とハイデッガーは説くのである。そこには文明に対する否定的な態度が色濃くにじみ出ているといってよい。そして、その点にもまた大戦以来の不安と動揺の中で、ヨーロッパ文明に対して絶望を感じていた人々をひきつけ共感させるものがあったに違いなかった。

ベルリン大学への招聘を拒否

ハイデッガーの思索を一貫して色どるこの文明に対する否定的な姿勢を物語るエピソードがある。一九三〇年と三三年、当時彼は母校に戻りフライブルクで教鞭をとっていたのであるが、ハイデッガーは二度もベルリン大学の教職に招かれながら二度とも断わっているのである。ベルリンはいうまでもなく、当時ドイツの首都であり、ドイツ唯一の世界都市でもあった。敗戦の屈辱と混乱からようやく立ちあがったドイツ国民にとって、ベルリンはドイツ文化が再び世界に通用するものになるであろうという希望の象徴だったのである。そのベルリンの大学へ、しかも現代文化について思索を傾けたトレルチの後任として招かれたことは、哲学者にとって名誉なことだったといってよい。しかし、一般の人々はハイデッガーをベルリンの大学に招くことにあまり愉快な気持ちを持たなかった。ある新聞がこの招聘《しょうへい》を報じた時につけた「文化反動家ベルリンへ！」という標題は、それらの人々の感情を代表していたといってよい。しかし、それらの人々の心配は杞憂《きゆう》に終わった。ハイデッガー自身がこの名誉な招聘を断わったからである。その理由を、一九三四年に、ハイデッガーは「アレマンネ」紙に書いている。これがハイデッガーの第二の個人的な発表であった。

なぜ彼が断わったか、簡単にいえば、シュバルツバルトの自然の近くにいたかったからである。彼によれ

シュバルツバルト
（針葉樹あるいは黒い森の意味）

ば、都会人は田舎《いなか》の景色をただ享受し観察するにすぎない。そしてハイデッガーにとってそうした人々は軽蔑されるべきであったのである。ドイツに古くから伝わる次のような寓話がある。――

山の頂を耕す一人の農夫があった。そこを訪れる人々は山の美しさに感嘆したけれども、その農夫は山の美しさを見ようとはしない。なぜなら、彼は山と同化していたからであり、自然を景色として、すなわち、鑑賞物としてとらえて自然の価値を落としめることをしなかったからであり、彼は身の回りの世界と合致していたからである。――この農夫のあり方こそハイデッガーが求めるものなのであった。シュバルツバルトの田舎は、ハイデッガーにとって、彼が生涯をかけて求めた「存在の真理」の近みであり、大都会ベルリンは存在を忘れ去った現代文明の象徴にすぎなかったのである。

三　存在の思索の時代

――一九三〇年以降――

転回のころ

すでに述べたように、ハイデッガーは一九二九年、母校フライブルク大学に戻り、一九三三年には大学総長にまでなった。しかし、彼の哲学はこのころから変わっていく。人間存在の解明を主題的にとり扱うことをやめて、直接存在そのものへと思索を傾けていくのである。そして、予告されていた『存在と時間』の続巻はついに発刊されず、後には『存在と時間』の表題につけられていた「第一部」という語句もはぶかれるようになった。

しかし、この変化はあるいは、「哲学が変わった」というべきことではないかもしれない。というのは『存在と時間』において、究極の目的は存在の意味を明らかにすることとされていたからである。ハイデッガー自身、後にこの事情に触れ、『存在と時間』の立場が変更されたのではないと述べている。彼によれば、この変化はすでに『存在と時間』において予定されていたことであった。すなわち続巻の中で書かれるはずであった第一部第三章（既刊の部分は、第一部第二章までである）で『時間と存在』という表題が予定されていたように、ここでは全体が「逆転する」のである。この予定されていた続巻が書かれなかったのは、ただ既刊の

『存在と時間』のような従来の形而上学の言葉を使っては、この転回を書き表わすことができなくなったからなのである、と。

しかし、レービットはこの転回について論文を書き、たしかにハイデッガーは当初から存在を問題としてきた。しかし、現存在を始め『存在と時間』に使われていた用語の意味は一九三〇年以後、まったく勝手に解釈し変えられ、たとえ同じ用語を使っている場合でも思想内容がまったく逆転してしまっているのだと主張した。それ以来、ハイデッガー哲学の前期から後期への変化を理解する問題は、この転回をどのように解釈するかという問題としてハイデッガーの研究者たちの間で大いに論じられるようになったのである。

しかし、転回の問題が研究者たちの注目を集めたのは単にハイデッガーの哲学思想内部だけの問題としてだけではなかった。彼はこのころ思索の世界に閉じこもることを捨てて、現実に参加する姿勢を見せ始め、時たま政治的な発言さえおこなうようになった。しかしその現実参加の姿勢はわずかしか続かず、ハイデッガーは再び思索の世界へと戻ってゆき、後期の難解で神秘的な「存在の思索」を展開するようになる。転回は、ハイデッガーの現実体験およびその挫折の体験とのかかわり合いからも問題にされるようになったのである。

当時は、ドイツ全体にとっても一つの転回期、すなわち第二次世界大戦につながる暗い時代、あのナチスの時代が始まりかけた時代だったのである。ハイデッガーは明らかに、ナチスの同調者であった。一九三三年、フライブルク大学の総長に就任した時、彼は『ドイツ大学の自己主張』という講演をおこなった。その中で彼は哲学的思索を展開しながら、大学の使命は専門化し閉鎖的になった象牙の塔に閉じこもることでなく、危機に瀕《ひん》したドイツ民族の運命に参与し、その中核となることにあるとし、学生たちに、勤労、防衛、学術という三つの民族への奉仕を説く。そこにはナチス的な色彩が濃厚に現われ出ているといわざるをえない。

ナチスの台頭

戦後の混乱期に生まれたナチス、すなわち国家社会主義ドイツ労働者党は、三〇年代に入って飛躍的な進出をみせた。一九二八年の総選挙では八一万票の得票とわずか一二の議席を獲得した一小党にすぎなかったものが、一九三〇年九月の選挙では六四〇万票、一〇七議席を得て第二党に躍進している。そして一九三二年七月の選挙では一三七四万票、総議席数六〇六のうち二三〇議席を獲得、翌三三年一月ついに党首ヒトラーは首相の席についたのである。世界史上、最も民主的な憲法といわれるワイマール憲法のもとでいったい何がナチスをしてドイツの運命を決定させるにいたったのであろうか。

ワイマール共和国が、必ずしも全ドイツ国民によって喜び迎えられたものではないことはすでに述べた。左翼と右翼は、それぞれ別な理由からではあるが、公然と共和国の国家体制そのものに反対の態度をとっていたのである。しかもワイマール憲法は自分を否定するこれらの人々をも自分の中に受け入れるほど民主的なものであった。左翼は共産党として、右翼は人民党及び国家人民党としてそれぞれ国会内に議席を持ち、ワイマール憲法を否定しながら、しかもその憲法によって与えられた保護だけは享受し、利用したのであった。しかも当時のドイツの政党は一〇を上まわり、議会内で過半数を占める政党が一度も現われたことがないほど勢力が分散していた。政府はいつもいくつかの政党の連立内閣であり、しかも政権はしばしば交替した。どの内閣も安定した地盤を持たず、それゆえ、野党との妥協がなければ政策を実行できなかったのである。

　このような共和国政府の不安定さは、おそらく敗戦によって外から与えられた民主主義がドイツ国民一般の間に定着していなかったからであろう。しかも敗戦後のドイツの困窮は、何よりも多額の賠償と制裁を課せられたベルサイユ条約に求められ、この条約を締結したワイマール共和国は、むしろ人々の不満と怨恨《えんこん》の対象にさえなっていたということができる。

　シュトレーゼマンの巧みな外交によって戦後の経済危機を乗り切り、一応の安定と平和を回復した時には、共和国に対する不満は裏面に隠された。しかし、一九二九年アメリカのウォール街の株の暴落に始まる世界恐慌がドイツ経済を再び破滅させた時、人々はもはや共和国の前途に希望を見いだすことはできなくなった。戦後のドイツ経済はまったくアメリカに依存しており、シュトレーゼマンによってもたらされた経済的安定は、その援助によって可能となったのであるから、アメリカの不況は

ムッソリーニ（左）とヒトラー（右）

他のどの国にも増してドイツに痛手を与えたのである。しかも不幸にしてちょうどその時期にシュトレーゼマンを失ったドイツ政界は、この危機を乗り切る強力な指導者を欠いていたのである。国民の間に革命を待望する機運が高まっていった。恐慌以後、議席を増したのはナチス以外では共産党であったこともこのことを物語っている。

ナチス政策

では、いったい何がドイツ国民をしてナチスに期待を抱かせたのであろうか。

ナチスの支持層は何よりも第一にサラリーマンや、中小企業者などの中産階級であった。彼らはいわば第一次世界大戦の最大の犠牲者階級であり、戦後のインフレーションによって貯蓄を失い、あるいは失業や倒産によって没落の憂目《うきめ》にあっていたのである。相対的安定期にやっと生活再建の目安《めやす》をえたのもつかの間、彼らを待っていたものはあの大恐慌であり、再び破滅の危機に直面しなければならなかったのである。この恐慌下で、一方において彼らは大資本の圧力に苦しみ、また生活水準の低下ということもあって、反資本主義的な傾向に走ったけれども、かといって、他方ではマルキシズムにも反感を持った。というのは、マルキシズムは資本主義社会における中産階級の没落を必然的なこととして肯定するけれども、彼らが待ち望んだものは彼らを没落から救い出してくれるものであったからである。また事実、彼らは私有財産に固執することにおいて、また自分の事業や生活が苦しくなればなるほど、自分の使用人に対する支払いの負担に喘《あえ》がざるをえないことによって、労働者階級とは利害を異にしていたのである。

ナチスの主張はこの中産階級の要求にそうものであった。ナチスは一方において大ブルジョアを攻撃し、資本主義社会の変革を主張した。この点で、悪名高い、あのユダヤ人排斥運動も中産階級の要求と一致するものであった。というのはドイツの大資本家や金融業の多くはユダヤ人の手に握られていたからである。他方ナチスは、私有財産制や企業の私営を肯定することによってマルキシズムと対立し、それを排斥したのであった。それゆえ、従来の政治に不信の念を抱いていた中産階級がナチスにひかれたのも当然のことであったかもしれない。

そのほか、ナチスは徹底的な農業保護を主張することによって、恐慌前から負債に苦しんでいた農民層から支持をえたし、ベルサイユ条約の破棄、賠償の打ち切り、植民地の獲得などを掲げることによって若干のブルジョア階級の人々にも支持された。さらにまた労働者階級の一部にさえもナチスの支持者は現われたのである。なぜなら、これらのナチスの政策によって行きづまったドイツ経済も打開され、苦しかった生活が向上することが期待されたからである。

しかもこれらの政策が、偏狭で狂信的な民族主義にいろどられていたことは忘れられてはならない。敗戦、それによって押しつけられた苛酷《かこく》なベルサイユ条約のもとで生活苦にあえぎ、しかも信頼しうる政府を持たなかったドイツ国民の鬱積《うっせき》した屈辱感はナチスの民族的ロマンチシズムによって解放の道を見いだしたのであった。民族共同体とか、国土への愛と奉仕といった言葉、指導者への献身と犠牲の精神、扇情的で巧みなスローガン、整然とした軍隊的組織、制服を着て秩序だった街頭行進によって誇示された力強さは、ことに多数の青少年を魅了したのである。

第三帝国の誕生

一九三三年一月、政権を獲得したヒトラーはただちに国会を解散し、その信を国民に問うた。同年三月の総選挙は、その後のドイツの運命を暗示するものであった。ナチスはテロリズムをもって反対党を襲い、あるいは謀略を使って弾圧した。ことに二月二十七日から二十八日にかけておこった国会放火事件（それは共産党弾圧の口実をつくるためのナチスの放火だったといわれる）を名目に、共産党員や左派の有力者を逮捕し、共産党を非合法化することさえしたのである。

このような状況のもとでおこなわれた総選挙で、ナチスは全投票数の四七パーセントにあたる、一七二七万票と二八八の議席を獲得して大勝した。ヒトラーはポツダムにおいて、新議会を開催したが、八十一名の当選者を出した共産党は一人の出席者も出さず、また二十数名の社会民主党員も欠席した。彼らの大多数は逮捕され、投獄されていたからである。残りの議員たちも、議場の窓際にたむろして無作法にじろじろと彼らをながめる突撃隊員（ナチスの私設軍隊の隊員）たちに無言の圧力を感じないわけにはいかなかった。ヒトラーはこの国会で、政府は向こう四年間国会の同意なしに法律を発布し（その中には憲法を変更するための法律をも含まれる）、予算を作成し、外国との間に条約を結ぶなどの権限が与えられるという内容の法律を提出した。いわゆる全権賦与法である。これはもちろんワイマール憲法を否認し、ナチスの独裁を意図したもの[1]であり、この法律が圧倒的多数で可決された時、ワイマール共和国は完全に没落し、第三帝国による破滅の道が始まったのである。

このようにして、独裁者の地位にのしあがったヒトラーは厳重な思想統制をおこない、他党を解散させ、反対者は投獄したり粛清したりした。ユダヤ人への迫害もすでにこの年から始まっている。ヒトラーは国内的には連邦制を廃止し、「ナチスは国家と不可分である」という法律を提出して中央集権化をはかり、国外的には再軍備の要求を拒絶されるや、国際連盟を脱退して強硬外交をとった。そして、一九三四年、ヒンデンブルク大統領の死を契機として、ヒトラーは大統領制を廃止し、大統領と首相の職を合わせたような総統制を定め、自らが総統の地位についたのである。ヒトラーはここで名実ともにドイツの最高主権者となったのである。

思想統制と知識人

ナチスのおこなった思想統制は単に政治のみならず、学問や芸術にまで及んだ。総選挙から二か月後の五月には、反ナチス的な精神をもった書物がベルリン、ミュンヘン、ドレスデンなどでお祭り騒ぎの中で焼かれた。マルクスやフロイトの学問書を始め、文学では、ハイネ、ハインリッヒ＝マン、ブレヒト、ツバイク、その他多くの人々の書物が焚書《ふんしょ》に処せられたのであり、ゲーテやニーチェの作品まで削除されたり破棄されたりしたのである。自由な精神を持った多数の知識人は国外へ脱出

1) 第三帝国とは、ドイツ歴史における三番目の帝国ということから名づけられたのである。すなわち、第一帝国とは九六二――一八〇六年の神聖ローマ帝国、第二帝国は一八七一――一九一八年のホーエンツォルレルン帝国。

アインシュタイン

した。亡命者の中には、アインシュタインや年老いたゲオルゲ、早くからナチスに抵抗してきたハインリッヒ＝マン、トーマス＝マンの兄弟などがいる。国内に残った人々はナチスに忠誠を誓わなければ公職を追放され、強制収容所に入れられるか、あるいは執筆禁止の処分にあって沈黙を余儀なくされたのであった。

哲学者たちも例外ではなかった。バルトはナチスに公然と反対し、ヤスパースは教職を追われ、レービットは亡命していった。そうした中にあってハイデッガーはナチスの共鳴者だったのであるから、ナチスの精神的指導者になることもできたはずであった。しかしハイデッガーはそうはならなかった。フライブルクの大学の総長の職もわずか一年でやめた後、ナチス的な発言はめったにしなくなり、後にはまったくしなくなってしまう。そして、人々から「存在神秘説」と呼ばれる難解で深遠な著作を生み出すようになるのである。ハイデッガーはここで、たしかに自分の現実参加のあやまちを意識し、再び思索の世界へ戻っていったのだということができよう。『思索の経験から』という著作の中で、ハイデッガーは次のようにうたっている。

行きて、担《にな》え
過誤と問いを

汝の一筋の小道に沿って

だが、このあやまちがどのように自覚されたのか、あるいは哲学思想上の転回がはたして、この現実のナチス体験と関係あるものかどうか、私たちは十分に明らかにすることはできない。だが少なくとも次のようにいうことはできよう。

第一に、ハイデッガーの前期の思索が到達した実存的・形而上学的世界と、危機的な状況の中でナチスが民族的ロマンチシズムに色どられた革命を説いた現実の世界とを混同したこと。

第二に、ナチスのイデオロギーは、ハイデッガーの説くきびしい哲学を受け入れることができるにしては、あまりに単純で野蛮《やばん》であったことである。もともとナチスのイデオロギーにはいうに足るほどの哲学的世界観の裏付けがあったわけではなかった。たかだか権力への意志を説いたニーチェの思想を利用しようとしただけである。しかし、そのニーチェの哲学さえもが大幅に削除されたのであって、ナチスはただ、ニーチェのうち自分に都合《つごう》のよい部分だけを浅薄《あさはか》に利用しただけなのである。ハイデッガーがナチスに期待をかけたとしてもそれが報いられることのなかったの

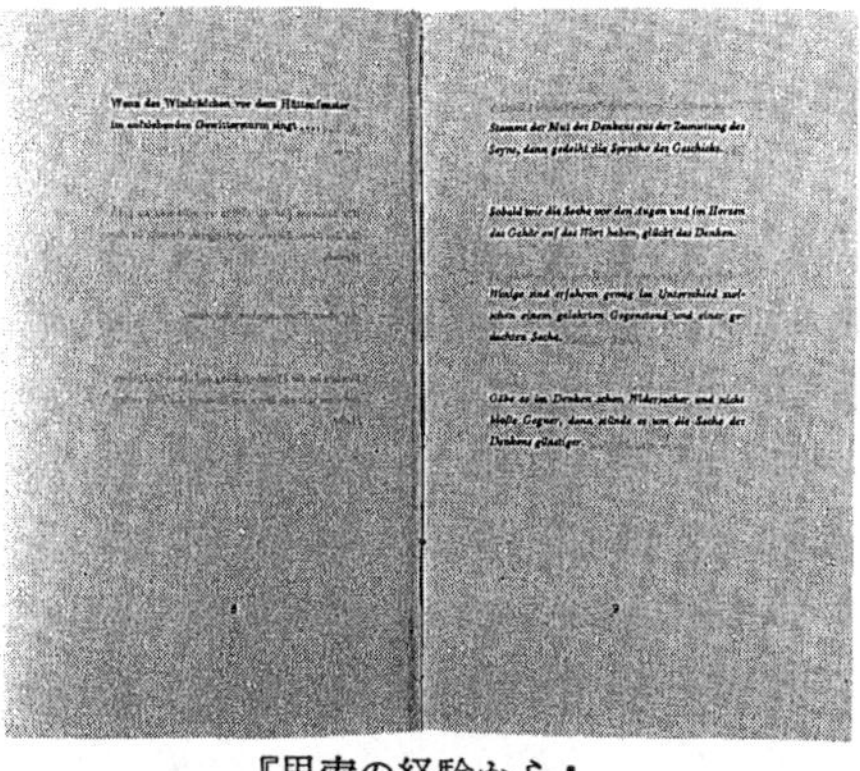

『思索の経験から』

は当然といってもよいかもしれない。

さて、ハイデッガーは総長をやめて以来、一九四〇年代にいたるまで詩人ヘルダーリンについての講演を一冊出版したほかは著作を公刊していない。三〇年代の彼がおこなった思索は、四〇年代にいたってようやく発表されるようになった。そしてその時には、ドイツはナチスの指導のもとで再び世界大戦に突入していったのである。

第二次世界大戦へ　政権を獲得したナチスは強力な経済統制をおこない、増税を断行し、銀行や財閥からの献金も強要し、その結果、工業生産は一九三五年には、ほぼ恐慌前に回復し、失業者も減少した。また、農業に対してもいろいろな政策を講じて、経済的基礎を固めたのである。そして一九三五年にはベルサイユ条約のいっさいの制限を破棄して再武装することを宣言し、三七年には日本とイタリアとの間に防共協定を結び、三八年にはヨーロッパ第一の武力を持つにいたったのである。このように着々と準備を整のえたナチス－ドイツは、一九三八年オーストリアに武力進駐をしてこれを併合、翌年にはチェコスロバキアを併合し、さらにポーランドにも触手を伸ばしていった。ダンチヒ割譲を要求したのである。その要求を拒絶されるや、ドイツは一九三九年九月一日、宣戦布告なしにポーランドに進軍した。それに対し、ポーランドと援助協定を結んでいたイギリスとフランスが、九月三日ドイツに宣戦布告して、ついに第二次世界大戦の幕が切って落とされたのである。

この戦争がどのような経過をたどり、どのような結末に終わったかは、今もなお多くの人々の記憶になまなましく残っているであろう。空軍と機械化部隊を駆使したドイツの電撃作戦は、またたく間に全ヨーロッパを蹂躪《じゅうりん》し、四〇年六月には、フランスもあえなく降伏している。しかしチャーチルの指導のもとに頑強な抵抗をみせるイギリスを征服できず、ヒトラーがほこ先を転じて、二年前に結んだ不可侵条約を破棄して、四一年六月ソビエトに進撃した時、ドイツ軍の挫折は始まった。さらに六か月後、ヒトラーの野望を絶望的に打ち砕いたアメリカ合衆国の参戦がおこったのである。

機械化されたドイツ軍

合衆国はすでに連合国側に対して武器を提供していたけれども、まだ直接戦闘に参加しているわけではなかった。参戦の是非に関して世論が統一されていなかったのである。しかし四一年十二月、日本軍による真珠湾奇襲攻撃がすべてを決定した。合衆国は日本に対してのみならず、全枢軸国に対して宣戦を布告した。そして膨大な富と生産力を有する合衆国の参戦が第一次世界大戦同様、連合軍の勝利を決定する最大の要因となったのである。

一九四五年五月五日、ベルリンにまで追いつめられたナチス-ドイツはついに降伏し、また沖縄を占領され、間断ない都市爆撃に加えて、広島、長崎に原子爆弾をうけ、ソビエトの宣戦布告によって満州でも敗北を喫した日本も、八月十五日に降伏して、第二次世界大戦も終わりを告げたのである。

思索の世界に還帰したハイデッガーはこの激動の中にあっても、あの神秘的な存在の思索の道を歩み止めることはなかった。戦後ナチス協力の理由で追放に処せられた彼は、トトナウの山小屋にひきこもっていたが、追放解除後はフライブルク大学にもどり、上級学生や教師達を集めた演習や講義に或いは講演にふたたび公の活動を始めた。しかし戦後の思想状況は必ずしも彼に幸運なものだったとは言えない。彼のナチス協力は多くの哲学者によって繰りかえし批判され非難されたし、英米の分析哲学をはじめ、彼の思想と対立するような新しい諸思想が世界的に拡がり出したからである。ドイツ国内でも彼の存在の思索の神秘性は必ずしも受け入れられず、むしろ次第に過去のものと見做されるようになっていった。しかしハイデッガーは個人的な非難には一言も弁解せず、世の流れに動かされることもなく、終始一貫して存在へと思索を傾むけ、一九七六年五月二六日故郷のメスキルヒで没した。享年八六歳。丁度、七〇余巻に及ぶ予定の彼の全集が発刊され始めた直後のことである。

四　現代の特徴

危機の時代

ハイデッガーが生まれ、生きてきた時代は一体どのような時代であったろうか。私たちは、この十九世期末から現在にいたる期間をまさに現代と呼ぶことができる。少なくとも、今日一九七〇年代を規定する最も根本的なものは、彼が生まれ少年時代を送った、十九世紀末から二十世紀初頭にかけて数十年間に形成されたのであり、この時代は単に世紀の変わり目にすぎないのではなく、近代から現代へ時代の転換期であったということができるのである。では、この時代を規定し特徴づけるものは何であり、それは私たちの生活をどのように支配しているのであろうか。私たちはもう一度ハイデッガーの生きた時代をふり返ってみよう。

私たちはこの時代が危機の時代であることをみてきた。第一次世界大戦であらわになったこの危機の意識は、しかし現代では世俗化されて一般に流布《るふ》し、むしろ常識として定着している感さえある。人類そのものを絶滅してしまうであろうような核戦争の脅威がなくならないばかりではない。平和な日常生活そのものがすでに危機を包蔵している。組織化された巨大な機構の中に組み込まれ、それを動かす歯車の一つにすぎない現代人は自分自身を失って大衆と化してしまっている、というような言葉を、私たちは現代を語るいたるところで聞かされている。それではこの現代の危機は何に由来したのであろうか。

エニウエトク環礁での水爆実験
新たな核の危機の始まり

技術の時代

現代はまた技術の時代とも呼ばれている。技術とは今では普通、科学を実地に応用し、自然力を開発したり、利用したりするわざのことと解されている。そしてこのような近代技術によって、特徴づけられる時代が始まったのが、ハイデッガーの生まれた十九世紀後半であった。近代技術は豊富な生活財を生み出し、私たちの生活は豊かになり楽になった。しかし上述した現代の危機はこの近代技術と無縁ではない。むしろ現代の危機は技術から、あるいはむしろすべてを技術化しようとする現代の精神から発生したということができるのではあるまいか。

もちろん、近代科学の成立したのは十六〜十七世紀のことであり、それが生産技術の革命をもたらして、資本主義社会を現出せしめていたことはいうまでもない。そして科学技術に内包される危機は、すでに何人かの先覚者たちによって洞察されてはいた。しかし当時は科学を応用したいろいろの技術上の発明や改良は日常的な経験や現実上の必要から散発的に果たされていたのにすぎなかった。十八世紀後半における産業革命も単に繊維工業という一部門だけのことであり、動力機関も蒸気機関が発明されたにすぎなかったのである。しかし十九世紀後半にいたって、発明や改良が科学そのものから導き出され、新しい動力機関が誕生し、いっさいの産業部門が機械化され、新しい交通手段、新しい通信手段が発明されるにいたった。いわば科学はそれまでのように一部の知識人だけのものではなくなって、まったく世俗化し、私たちの生活のすみずみにまでゆき渡り支配するようになったということができよう。私たちはみな科学の恩恵をうけている。それも単に工業や農業に科学が応用され、私たちがその成果を享受しているというばかりではない。現代では行政、社会、教育、経営、あるいは日常生活のいたるところで私たちは科学的知識を応用する。たとえば人々の集まるところ心理学が運用され、経営は市場調査をコンピューターにかけて決定される。日常生活でも、たとえば、栄養表やカロリー表を念頭に食事がつくられ、育児や教育では身長、体重の平均的成長表や、知能テストが重要になっている。子供を産むことさえ私たちは自分の欲するままに調節しているのである。

しかし、そのことは同時に私たちが危機にさらされていることを、かつて、何人かの人々だけが感じとった危機意識を、私たちが持たざるをえないことを意味する。そしてこのことを集約的にあらわにしたのが二度にわたる世界戦争だったといえよう。

世界の一体化

なぜ、現代において二度までも戦争が世界的規模にまで拡大されたのか。それは現代において、全世界が同一の歴史世界へと一体化されたからであり、そしてこの同一化は近代技術によって可能になったものであった。政治的には、もちろん帝国主義による植民地獲得の侵略が世界中に広まったことが原因である。しかしそれは産業の機械化に伴う高度資本主義の成立、及び交通、運輸、通信の手段が飛躍的に進歩したことによって初めて可能となったのであった。

現在ではこの世界の一体化はますます強固に進んでいる。遠い世界の一地域におこった一事件も、今では私たちにとって無縁なことではない。一九二九年の世界大恐慌をふり返ってみるがよい。あるいはベトナムや中近東の戦争、アメリカのケネディ暗殺、中国の文化大革命、イギリスのポンド切り下げ、こういった事件が世界中に影響を与えたのは記憶に新しいことだし、それゆえに、また私たちは世界中のできごとに否応《いやおう》なく無関心ではいられないのである。自分の運命が自分にかかわりなく、また自分ではどうしようもない遠いことがらによって決定されてしまうという不安を私たちは捨てることができないのである。

世界の平均化

世界の一体化は、また各地の固有性を失わせ、文化の平均化をまねいた。世界中に同じ素材同じ形式の建物が立ち並び、東京にいれば世界各国の料理を味わうことができる。ロンドンで始まったミニ‐スカートがたちまち世界中の女性を装うことになったし、ジャズや、ポピュラー‐ミュージックばかりではなくフォーク‐ソングまで世界中に流行しているのである。

平均化したのは文化ばかりではなく、私たち自身もそうなのである。むしろ文化の平均化は人間の平均化に根ざしているといってよい。以前、太いズボンやロングースカートが流行していた時にはこれらこそ上品で優雅なものであり、細いズボンや短いスカートは下品なものと考えられていた。しかし、今では私たちは細いズボンやミニースカートこそ美的であり、太いズボンや長いスカートは不恰好《ぶかっこう》だと感じるようになっているのである。すなわち、私たち自身の主体的であるはずの美意識や美的な判断がいつの間にか流行に犯され、世間一般の判断と同化してしまっているのである。この事情は何も衣服の流行にとどまるものではない。娯楽、趣味、政治、思想などあらゆる領域で私たちが関心を持つことがらの多くは、新聞、週刊紙、ラジオ、テレビなどマスコミュニケーションによって伝えられた世間一般の話題であり、それらについて抱く意見も、その実、マスコミによって解説的に伝えられた世間一般の意見、いわゆる世論の内部でのことでしかないのである。この平均化した人間の集団、上で世間一般と呼んだものが大衆にほかならない。

機構と大衆

人間の大衆化はまた、技術による集団の機構化、体制化と切り離すことができない。機械化された企業体にみられるように、近代技術は多数の人々を必要とし、また多数の人々を動員することを可能にした。そして巨大な人間集団を少数者が支配し管理するためには、一つの機構に組織化することが不可欠なのである。それゆえ、機構化は企業体ばかりでなく、自治体や国家をはじめ多数の人間の集団が構成されるところでは、どこでもおこなわれるのである。人々はこの機構全体がどのような方向にいかにして動いているか知ることもなく、与えられた部署で、与えられた仕事をするだけの部分品となってしまうのである。ここでは自分自身の固有な存在は必要ではなく、人の価値は与えられた部署であやまりなく果たす仕事の量できめられる。それゆえ、私はその仕事を果たすことができる人とならだれとでも交替することができるし、また私が不良部品であればすぐに交換されてしまう。機構で問題なのは全体の仕事の量であり、いわば人々はそこでは物量化されているのである。この事情を悲劇的にあらわにしたのが総力戦と化したあの大戦であったといえよう。

このようにして現代の私たちは大衆と化している。たしかに私たち一人一人を見れば私もあなたもだれもがそれぞれ固有な意見と生き方を持ち、大衆と呼ぶことはできない。大衆はいわば個人個人にとっては、それと名指《ざ》すことができない他人のようなものである。それにもかかわらず、今まで述べてきたように私たちだれもが同時に大衆であり、大衆の支配のもとで自分自身を失っている。平均化され物量化された大衆としての私たちの間に、もはや人格的な触れ合いはない。現代人は他人には無関心になり、利己的で冷い人間と化しているのである。

危機の克服

このような現代を、私たちはどのように評価し、位置づけるべきであろうか。現代が危機にひんしているのならば、私たちはこの危機をどのようにして乗り切るべきであろうか。

現代が危機の時代であること、それはもう言い旧《ふる》されたお題目のように、私たちの間でささやかれているし、疎外感や不安が実感としてしみわたっている。それゆえまた、こうした大衆社会に対する抵抗や反逆が芸術作品にしばしばとりあげられるのみならず、一つの社会現象にさえなっている。たとえば、ビート族、ヒッピー族、フーテン族などにみられる若者たちの反社会的な言動は世界的な現象である。社会の内部においても欲望の充足を求めることが肯定され、それに成功した者が英雄となる。あるいは「しびれる」という流行語にみられるように、直接的・生命的な感覚が一つの尺度になる。現代は科学的であること合理的であることとともに、非合理的・生命的な感情や欲望が尺度でもある時代なのである。

平均化され物量化され疎外された現代人は、生命的な感情の高揚の中に主体としての自分をとり戻しえたと感じるのかもしれない。たしかに生命的感情や欲望は合理的知性の対極にある。しかし、はたして私たちは単に非合理的なものを主張し、それに基づくことで技術の時代に対する抵抗であり、その生み出した危機の克服だと考えることができるであろうか。なぜなら第一に自然を利用しようとする技術は、まさに自分の欲望を満たそうとする意志から発していると考えられるからである。第二に、したがって技術の成果は欲望の充足の可否によってはかられるからである。合理的な技術の時代は非合理的な欲望を容認するばかりでなく、それを駆り立てることでなり立っている。欲望はたしかに個人的なものである。しかし現代ではその欲望さえ平均化され、マスコミによってそのつど流行させられているのである。

マスコミュニケーションは巨大な口と強力な咀嚼《そしゃく》力を持った怪物である。それは自分に敵対するものさえ口の中に入れ、咬《か》み砕いて柔かい無害なもの、むしろ自分にとって益のあるものとして大衆に提供する。それは、現代が危機の時代であることさえ一般的な知識として大衆に与え、私たちが安心して自分の利己的な欲望の充足に向かうようあおり立てているのである。

近代技術の基盤

現代の危機の克服を求めるならば、少なくとも私たちは近代技術が依《よ》って立つ前提と思想的基盤を見きわめ、それを越える新しい思想的基盤を見いださなければならない。危機の克服が近代技術の、ひいては科学の放棄の主張によって説かれるのならば愚かであろう。科学と技術は現代人に与えられた運命であり、私たちはそれから逃《のが》れることはできないとしても、次のように問うことはできるであろう。技術から発生したこの危機が、技術同様、私たちにとって逃れられぬ運命であるのか、そこからの出口はまったく閉ざされているのであろうか。あるいは危機は、私たちが近代技術に思想的に支配され、その吐き出す奔流に巻きこまれ、溺《おぼ》れて、行くべき方向を見失っていることによって生じたのであろうか。近代技術を越える新しい思想的基盤は見いだしえないものであろうか、と。この新しい基盤を見いだすこと、それは厳しく徹底的な思索のみが果たしえるであろう課題である。私たちはこれから、ハイデッガーの哲学をこのような視点からたどっていこう。しかし、そのためにも、あらかじめ技術の本質と基盤について一応の理解を持っておこう。

近代技術は自然科学から発生したことはすでに述べた。しかしそのことは近代技術が単に自然科学を応用した、あるいは自然科学から派生したということにすぎないのではない。両者は同じ本質、同じ基盤を持っているといってよい。科学はこの同一のものの認識面、理論面であり、技術は意志面、実践面だということができよう。この同一の基盤とは何であろうか。わかりやすいようにまず科学について考えてみよう。

私たちは通常、科学的認識とは自然現象を客観的に知ることであり、客観的に知るとはありのまま知ることだと考えている。たしかに科学的認識は客観的な認識である。しかしそのことは「ありのままに」知ることではない。むしろ科学は一定の枠組《わくぐみ》をつくりあげ、いわばその枠組を眼鏡とし、それを通して眼前に立たせた自然を見る。はっきりいえば、その枠組に自然をはめこみ仕立てあげることによって認識するのである。たとえば、科学は自然現象を因果関係（原因と結果の関係）とか、量的関係という枠組を通して把握する。幾何学は現実には存在しない点や線に基づいて、ニュートン物理学は同様な質点や剛体などに基づいて組み立てられていることを思い返すとよい。科学的認識とは、これらの枠組を通して自然を知ることである。そしてこの枠組を構成するのが数学である。客観的とはこれらの数学的枠組に認識された自然現象が合致しているということにほかならない。

科学はこのように自然をありのままに知るのではなく客観的に知る。というよりむしろ科学は自然を「客観化する」といってよい。そしてこのように客観化をおこなうものが主観である。主観がいつも認識すべきものを自分から切り離して目の前に立たせ、自分の枠組の中にはめ込み、客観として仕立てあげることによって認識がおこなわれるのである。この主観―客観の関係が、すべての科学的認識の基盤なのである。この主観―客観―関係に基づく認識や考え方を、ハイデッガーは「主観主義」と呼んでいる。

ハイデッガーによれば、こうした主観主義の萌芽《ほうが》は遠く西欧の文明が発生した古代ギリシアの時代に始まっている。しかし主観―客観―関係を思索の基盤に据《す》える自覚的な営みは、十六〜十七世紀ごろに、すなわち近代科学の勃興とともに始まったといってよい。すなわちそれは現象的には科学によって性格づけられる近世以降の歴史を優れて特徴づける最も基本的な標識なのである。しかし近世初期には、この科学的思考は一部知識人だけが持つものであり、学問内部のことにすぎなかった。主観主義が一般化し力を発揮するようになったのが現代であり、技術によってであったのである。技術が科学と違うところは、科学が自分の知識の効用を一応無視して進むのに対して、技術は役立つものを求めることである。それゆえ、また技術において、主観の客観としての自然への働きかけは一層積極的で露骨になる。技術は単に自然を目の前に立て、客観化するだけでなく、自然を挑発してそこから強引に力を引き出し、積極的に役立つものに仕立てあげ、つくりあげる。そこでは主観主義が科学の場合よりも露骨に現われているのである。

このようにして、私たちは近代技術の前提と思想的基盤を主観主義に、主観―客観―関係に求めることができる。現代の危機を克服するにはそれを越える新しい基盤を見いだし、そこから主観―客観―関係を近代技術を改めて、見つめなければならない。私たちはこれからそのような思索の一つをハイデッガーの思索の歩みの中にみていく。ハイデッガーの哲学的意義は、単に現代に対決する世界観的な思想にあるのではないけれども、しかし、ハイデッガーの哲学が現代への深い洞察から生まれ出たことも確かなのである。

Ⅱ

ハイデッガーの思想

一　『存在と時間』

1　存在への問いと現存在

この本の究極の課題

「はっきりしていることは、≪存在する≫という言葉を使う時、それがもともとどんなことを意味しているか、君たちはもうずっと前から熟知していたということなんだ。僕たちにはたしかに昔は≪存在する≫ということの意味がわかっていた。けれども今はそれがわからなくなってしまって、うろたえているんだ」

『存在と時間』の冒頭にかかげられているプラトンの言葉である。二千数百年前のこの言葉は、そのまま現代の私たちにも当てはまるということができる。「存在」という言葉はむずかしげであるが、実は私たちにとって、いたって身近な、なれ親しんできたことがらをいっているのである。今、私の机の上には本がある。鉛筆がある。煙草《たばこ》がある。窓を隔てた外には木がある。家がある。道路がある。自動車がある。この「……がある」ということが「存在」と呼ばれていることがらにほかならない。私たちの身の回りのものはすべて、存在している。この私自身も存在している。存在とはまさに、昔から私たちがなれ親しみ熟知しているもの、自明なものである。だから私たちは本がある。家がある。私自身がある。あるいは空が真っ青である。あの家は二階屋である。という時、その「ある」ということがどういうことなのであるか、ちゃんと理解しているはずである。

だがしかし、私たちは本当に存在するということの意味を、自分が思っているほどはっきりと理解しているのであろうか。あらためて存在の意味を問いかけられたら、私たちは明確にその問いに答えることができるであろうか。たとえば「家がある」とどうして私たちはいうことができるのか。たしかに家はある。私たちは窓の外に、赤い屋根のある二階屋を自分の両眼でしっかりと見ているではないか。もし、そのように答えられるものとすれば、家が存在するということは私たちが家を見ているという意味なのであろうか。それでは、私たちが目を閉じた時にはこの家は存在しないことになるのであろうか。しかも目に見えないものに対しても、私たちは存在するということができる。たとえば、この本の中にはすばらしい思想がある。人間には理性がある。などと。これらの「ある」とはどんな意味なのであろうか。それらは本があるということとは違った「ある」なのであろうか。それとも両方の場合とも、私たちは同じ意味で存在を理解しているのであろうか。

以上のように次々と現われてくる疑問に対して、私たちははっきりとした答えをすでに持っているであろうか。そうではあるまい。たしかに、私たちは存在の理解を持っているけれども、それはけっ

プラトン

して明確なものではなくて、ぼんやりした平均的なものでしかない。哲学発生以来二千数百年間、存在を問うことは哲学の主要な課題であった。それにもかかわらず、今もなお存在の意味は暗闇《くらやみ》に閉ざされたままであり、けっして明らかにされてはいないのである。

それゆえ、ハイデッガーは存在の意味、それも、あれこれの存在ではなく、存在一般の意味を問うことを『存在と時間』の究極の目標としてかかげるのである。しかも彼によれば、単に存在がわからないだけでなく、存在の意味への問いそのものがまだしっかりとした軌道に乗せられてはいない。それゆえ、この問いそのものの意味を明らかにし、この問いそのものを具体的に仕上げなければならない。したがって、表題となっている時間を解明することが、さしあたってのこの本の目標だという。なぜならば、彼によると時間こそが存在の理解が初めて可能となる領域だからである。

存在の問いの優位

存在の意味がいまだに明らかになっていないとしても、一体、存在を問うことは私たちにとってどのような意味を持っているのであろうか。そのことを知るためには、私たちはハイデッガーが存在をいかなるものと考えているかをみなければならない。

存在ということを、私たちは今まで述べたように本や、木や、家や、私たちが存在することとして理解している。たしかに存在とはいつも本や、木や、家や、私たちなど「存在するもの」（これから簡単に「存在者」と呼ぶことにしよう）の存在である。しかし、だからといってこれらの存在者とこれらの存在者の存在と存在者とを混同してはならないとハイデッガーはいう。ところが私たちはときどき両者を混同し、存在を把握したつもりで、実は存在者を把握しているにすぎないことがある。しかし、ハイデッガーにいわせれば、存在は存在者としては、把握されないものなのである。たとえば、家があるということの意味は私たちが家を見ているということなのであろうかと疑問を持った。実際私たちは多くの場合、窓の外に家があることを説明するのにそのようにするだろう。家は赤い屋根を持っていて、二階屋で、木造で……と、私たちはできるだけ細部にわたってその家の説明をするだろう。しかしその際、私たちが説明しているのは家についてであって、家があるということではない。私たちの目に映るものは存在者であって、その存在者が存在することではないからである。一般に存在者が存在する時、私たちが経験し、認識することができるのは存在者のみであり、その経験や認識をいくら寄せ集めても、その存在者の存在そのものを把握することはできない。

　ハイデッガーにいわせると、存在者と存在との関係はその逆である。存在者が存在を定めているのではなく、存在の方こそ存在者をその存在者として規定し、存在せしめているのである。家は赤い屋根を持った木造の二階屋云々《うんぬん》と説明することができるのはまさに家があるからであり、その「ある」ということを私たちがすでにあらかじめ理解しているからなのである。私たちはいつもすでに存在の理解の中に動いている。たとえそれがぼんやりした平均的なものであろうと、私たちは、実はこの存在理解に基づいて存在者を把握しているのである。

　それゆえにハイデッガーは存在を問うことが、他のどのような学問的問いにもまして優位を持つ問いだと考える。現代、私たちが所有している学問は実証的な科学である。科学は存在者を解明し記述する学問である。存在が存在者の根拠である限り、もし存在の意味が明らかにされていなければ、科学はいわば、その依《よ》って立つ基盤を欠いていることになる。たしかに諸科学はそれぞれ基礎論と呼ばれる存在論を持っている。しかし、ハイデッガーにいわせれば、それらの存在論も、もし存在の意味が前もって十分に明らかになっていなければ、いわば根本においては盲目であるにすぎないのである。

存在論および「存在論的」という言葉と「存在的」という言葉の相違をこの際覚えておこう。存在者についての解明や記述をハイデッガーは存在的という。科学は存在的な学問であるし、私たちの日常的な経験や知識も存在的でしかない。それに対して、その存在者の存在についての解明が存在論的と呼ばれる。もちろん存在者でなく、存在を解明する学問が存在論なのである。

現存在

それでは存在の意味への問いはどのような道を通って可能になるのであろうか。存在はいつも存在者の存在である。だから私たちは存在者を手がかりにして存在の意味を読みとるほかはない。とはいっても存在者にもいろいろある。存在の探求の出発点となることができる存在者はどんな存在者であろうか。ハイデッガーはこの存在者こそ、私たち自身すなわち人間だと考え、これに「現存在」という術語を与えるのである。

それではなぜ、私たち自身―現存在―が存在の意味を問う出発点になるのであろうか。それは私たちだけが存在を問うことができる存在者だからである。私たちは存在しながら、この自分の存在をいつも問題にしている特別な存在者である。本、家、木など、私たち以外の存在者はそれが何であるかは初めからきまっている。しかし私たちは存在し、この自分の存在にあれこれかかわりながら、この自分が存在する仕方によって自分をきめてゆくものである。このような私たち現存在の存在、すなわち私たちが存在しつつ、いつもあれこれとかかわっている自分の存在をハイデッガーは「実存」と呼び、自分の存在にかかわるという存在の仕方を「実存する」と呼んだのであった。

このように、自分の存在にいつもかかわっているからこそ、すなわち実存しているからこそ、私たちはあの存在理解をいつもすでに持っているのであり、また存在への問いかけも持つことができるのである。この点、ハイデッガーが私たちを人間という呼び方で問題にせずに、現存在という特別な言葉を与えた理由もある。なぜなら人間という言葉は家とか、本とか、犬や、猫という呼び名と同じように、存在者が何であるかを指示した名まえにすぎず、存在しながらこの自分の存在にかかわり、それを問題にするという私たちの特異性を、けっして十分表現しているものではないからである。

現存在と訳されたドイツ語の Dasein とは「現にそこにある」ということである。ハイデッガーがこの言葉で指示しようとしたのは主観のような抽象的なものではなく、私や、あなたが現実に存在するということであった。Dasein というドイツ語は生存とか生活とかいった意味をも持つものである。それゆえ現存在という時、それは実は、私が存在する、あるいはあなたが存在する、という具合にいつも人称を伴っていると考えなければならない。現存在はいつも「私」という性格を持っている。この性格をハイデッガーは「常自性」と名づけている。

『存在と時間』の主題的な意図

このようにして、存在の意味への問いを立てるには、まず現存在という一つの存在者をその存在—実存—に関して適切に解明してゆかなければならないことが明らかになったであろう。はっきりいえば、実存の存在論的構造がまず問われなければならない。この問いを担う存在論をハイデッガーは特に「基礎存在論」と呼ぶ。なぜなら、存在の意味を問う道であるこの存在論はそこから他の存在論のすべてが出現すべき基礎をなすものだからである。実存を構成している諸規定をハイデッガーは「実存範疇《はんちゅう》」と呼び、現存在以外の存在者の規定である「範疇」と区別するが、現存在を分析してさまざまな実存範疇を取り出し、それらの問いの連関を明らかにするのが、基礎存在論の仕事であるといってもよい。

実存範疇を取り出そうとする理解の仕方は、私たちが現実の中で、実存しつつ獲得する「実存的」な理解と区別して、「実存論的」な理解と呼ばれるが、このような基礎存在論の展開こそ『存在と時間』が果たすべき当面の主題であることはいうまでもない。

存在の問いの形式的構造

今まで述べてきたことを、ハイデッガーが分析する存在への問いの構造にそくしてまとめてみよう。

彼によれば、問いはまず「問われるもの」を持っている。いわば問いの究極の対象であるが、これが「存在」なのである。しかし、さらに問いには「問いかけられるもの」が属している。すなわち、問われるものがそれを通して問われるような問いの手がかり、あるいは問いの当面の対象であり、これが「現存在」であることはいうまでもない。しかしさらに彼によれば、問いは「問い出されるもの」を持っている。理論的な問いにおいては、問われているものは明確に規定され概念となって私たちに知られなければならないが、このように問われるものがそれとして私たちに、はっきり知られてくるものが、問い出されるものであり、これにあたるのが「存在の意味」である。『存在と時間』が当面理解してゆくのは私たち現存在である。しかし、この著作がかかげる問いが、この三つの契機を含むものであることは忘れられてはならない。

2　現存在の日常性

日常性への着目

現存在の分析は日常性に着目することによって始められる。日常性とは私たちが生活し喜び悩み死んでゆく現実が、さしあたってとっている姿であり、私たち現存在はまずほとんどはこの日常性というあり方をとっている。たしかに私たちは日常的ではないあり方をすることがあるけれども、ハイデッガーにいわせると、どのような実存の仕方であれ、私たちはいつも日常性から出発し、日常性に帰りくるものであり、日常性はいわば私たちのすべてのあり方の基なのである。

日常性はいうまでもなく、哲学にとって最も身近なものである。しかし私たちはそれにあまりにも密着しすぎているために、その存在論的な意味をいつも見逃《のが》している。ハイデッガーによれば、存在的に最も身近なものは、存在論的には最も遠いものである。私たちは注意深く、日常性の中から存在論的意味を取り出していかねばならない。

世界－内－存在

ハイデッガーはまず、現存在の根本的な体制を「世界の中にあること（世界-内-存在）」と規定し、これに基づいて分析をすすめてゆくのである。日常性に着目するということでもわかるとおり、ハイデッガーのいう世界とは、私たちがそこで生活している生き生きとした現実世界である。とすれば、そのような世界の中にいるということは、一見しごくあたりまえなことのように思える。しかしハイデッガーがこの言葉で表現しようとしたことがらは、おそらく普通人々がこの言葉で感じることとはまったく違った新しい洞察だったのである。

世界という時、私たちは普通、自然の事物の総体を考える。この場合、世界とは範疇《はんちゅう》であり、私たちと世界とのかかわりは人間と呼ばれる存在者とそれに対する事物との間の外的な関係になってしまう。主観―客観―関係とはそのような関係である。しかし現実の世界とは、私がそれになれ親しみ、その中に住み、私と一体となっているような世界である。世界は事物を性格づける範疇ではなく、現存在の性格を示す実存範疇にほかならない。世界―内―存在とは現存在そのものを意味する統一的現象なのであり、世界と私たちは、この統一的現象を構成する内的な関係としてとらえられねばならない。

たとえば、世界―内―存在の「中にある」とは「コップの中に水がある」とか「抽出《ひきだ》しの中に鉛筆がある」といった場合の中にあるではない。この例はコップと水、抽出しと鉛筆という二つの事物の空間における位置関係を表わしているにすぎない。コップから水を捨てても、コップはコップだし、水は水だし、何ら変わりはない。抽出しから鉛筆を取り去っても同様である。この関係はいわば偶然のものであって、自分が存在するためにお互いを不可欠とするような統一的な現象を示しているのではないのである。

しかし私たちが世界―内―存在という時、それは私たちがたまたま世界という容器に入り込んでいて、たとえその容器を出ても、私たちは私たちとして世界は世界として、何の変わりもなく存在するのだというようなものではない。私たちは、いつもすでに世界の中にほかの存在者のもとにいるのである。私たちは、いわばいつも自分の外におり、ほかの存在者となれ親しみ、世界の中に住んでいる。そしてそのことによって初めて私たちは私たちとして存在するのである。私たちが現存在であり世界―内―存在であるというのは、そのことを意味しているのである。

世界―内―存在と主―客―関係

こうして世界―内―存在の思想は、主観―客観―関係を越える新しい基盤として、提出されたものであることは理解できるであろう。主―客―関係とはすでに述べたように、二つの存在者の間の外的な関係を意味する。たしかに私たちは、こうしたあり方をとることがあり、科学的観方《みかた》というのがそれであった。しかしハイデッガーによれば、主―客―関係はけっして私たちの最も基本的なあり方ではなく、それゆえ、私たちのあり方をめぐる不思議な事象を説明し尽くすことはできないのである。たとえば認識ということをみよう。主―客―関係に立てば、認識には主観としての意識が客観としての外部の実在を把握することである。現代ではその考え方はむしろ常識であって、人々はその考えを疑うことさえしないであろう。しかし、主観か客観かをとらえるためには、主観は自分の領域―意識の領域―を跳《と》び越えて外部の実在に達しなければならない。しかしそれは不可能なことではないだろうか。なぜなら、私達は外部の実在として信頼するものを、いつも意識の内容としてしか持つことはできないからである。いわば私たちはどのように跳躍を試みようと、いつも意識の内部にいるのであり、その領域を越えて外部の領域に達したということはできない。少なくともその保証を得ることはできない。それゆえ、もし私たちが実際、外部の実在を把握していることが確かならば、主―客―関係ではそれを説明することができない。主―客―関係という立場は、けっして私たちの現実そのものをつかまえている基本的な立場ではないのである。

ハイデッガーによれば、認識が可能なのは私たちがいつも自分の『外』に、世界の中、存在者のもとにとどまっているからである。実存 existenz という言葉は語源をたどれば、もともと、ラテン語の「外に立つ ek-sisto」という言葉にゆきつく。世界―内―存在とはこのような外にある現存在のあり方を集約的に表現したものであり、主観が客観を認識するというあり方は世界―内―存在に基づく一つのあり方、世界―内―存在というあり方が最も希薄になったあり方ではあるけれども、あくまで世界―内―存在の一つの変様であるあり方にすぎないとされるのである。

三つの視点

世界―内―存在は統一的な現象であるから、部分に分離することはできない、としても世界―内―存在が多様な契機を含んでいることは否定できないし、現存在を分析する仕事はこうした契機を取り出すことによって、明晰《めいせき》におこなうことができる。ハイデッガーは世界―内―存在を三つの視点から分析してゆく。すなわち

(1) 世界とは何か、

(2)　日常性において、世界―内―存在というあり方をしている者はだれなのか、

(3)　内―存在そのもの、すなわち、世界の中にある、というこの「中にある」というあり方はどのようなあり方であるのか。

これらの問題を存在論的に解明してゆくのである。私たちもこの三つの視点に従ってハイデッガーの分析を眺めてゆくことにしよう。

――世　界――

道具の存在

日常性の世界は私たちがその中で活動し生活している環境としての世界である。そこでは私たちは、存在者に特定な仕方で働きかけ、この働きかけの中で存在者は特定な姿で私たちに現われてくる。この日常性において私たちが現存在でない存在者へかかわる仕方をハイデッガーは「配慮」と名づけたが、この配慮において私たちが出会う存在者は「道具」にほかならない。このように道具的なあり方をするのは鉄づち（釘を打つための道具）やペン（紙に字を書くための道具）など、人間がつくったものばかりではない。ハイデッガーによればいわゆる自然でさえ、日常性においてはまず配慮において道具的な存在者として見いだされてくるのである。たとえば、海原を渡る風はヨットを走らせるものとして、山

峡に流れる清流は炊事をするためのもの、魚つりをするためのものとして見いだされる。環境世界において私たちがまず第一に出会う存在者は、すべて道具的な存在者にほかならないのである。

ところで一つの道具はそれ一つだけで道具としてありうるものではない。厳密にいえば、一つだけの道具というのはありえない。なぜなら道具はいつも「何かあるもののためのもの」であって、他の道具を指示しているからである。たとえば、鉄づちは釘を打つためにある。ところが釘もまた一つの道具であって、木材を組み合わすためにある。木材もまた一つの道具であって……このように道具はすべて「……のために」ということでつながり合っていて、そして一つの道具は、むしろこの連関全体の中からその道具としての役目を担《にな》わされているのである。

道具の指示ということをもう少し考えてみよう。指示とは、結局その道具が何に役立っているかという有用さを意味するものにほかならない。たとえば鉄づちは釘を打つ場合に、釘に対して、それを打つために使用される。このように道具は何かのもとで、何らかの目標を持っているが、これが道具の指示すること、あるいは、むしろ道具の連関全体から指示されていることなのである。ハイデッガーはこの指示ないし、指示されているという性格を「事情性」と術語化しているが、この事情性こそ道具をその道具として定め、あらしめているものである。すなわち、事情性こそ道具的存在者の存在を構成するものなのである。

道具が互いに連関し合って全体を形づくり、この全体から一つの道具が道具として指示されてくるというのは、事情性が互いにかかわり合って事情の全体性を形づくり、しかも一つの道具のもつ事情性は、この事情全体性から規定されてくるということである。上述したように鉄づちは釘を打つために、釘は木材を組み合わすためにある。この連関が全体を構成するなら、その最後の項、すなわち究極目的は何であろうか。この究極目的はもちろん、もはや他のいかなる存在者との間にも事情性を形づくらないものである。釘は木材を組み合わせるために、木材は家を建てるために、家は私たち現存在が住むためにある。連関はこれ以上進まない。すなわち究極目的は現存在の存在にほかならないのである。

有意義性

事情性が形づくられるということは、ある道具があるもののもとで、あるもののために、あるものに対して用いられるということを、現存在が理解することに基づいている。そのためには、現存在はこれらの根底になっている連関全体を、あらかじめ理解していなければならない。この理解された全体こそ、存在者を見いださしめる根拠であり、これこそ世界というものにほかならない。ハイデッガーは、この世界の世界性、つまり世界を世界たらしめている構造連関を「有意義性」と名づける。すなわち、私たちの日常世界は有意義性という性格を持つ世界なのである。ハイデッガーの説く世界はこのように、無機的な客観世界ではなく、究極は現存在のあり方に還元される主体的な世界である。だがそのことで、この世界がいわゆる主観的だと考えてはならない。この世界は、けっして意識内部に築きあげられた虚構の世界をいうのではないからである。むしろ世界が主体的であるということは、現存在が世界なしにありえないこと、世界はまさに世界―内

―存在としての現存在を構成するものであることを示しているのである。現存在は、世界―内―存在としてこの世界に親密であり、存在理解において、いつもあらかじめ世界を理解している。このように世界があらかじめ私たちに開示されているからこそ、存在者との交渉も果たされるのである。

現存在の空間性

ところで私たちは、世界を空間的なものと思っている。しかしハイデッガーでは当然この空間性も現存在から理解されねばならない。

道具的なものが持っている空間性は、けっして客観的な距離で測れるような空間ではない。道具的なものは私たちの身近にある。しかしこの「近さ」は距離で測ってきめられるものではない。近さは、配慮的に見ながら道具を使用するという働きからきめられている。つまり道具的なものが占めている場所は、その存在者が道具連関の中に帰属している地点なのである。私たちがある道具と配慮しつつかかわる場合、あらかじめその道具が帰属する行先《ゆきさき》を見てとっているのであって、この行先が「方位」なのだとハイデッガーはいう。方位とは方向とともにその方にあるもののまわりをいうものであり、この方位が環境という性格を形づくっているのである。日常的な道具的な世界では、最初から三次元の客観的空間が与えられているわけではなく、「上に」というのは「天井に」、「下に」は「床に」、「後に」は「戸口に」というように、すべての場所は日常的なかかわりを営むことによって見いだされているのである。

ところで方位は個々の事物が集まることによって初めて形成されるものではなく、それらはあらかじめ道具全体の空間性の中でそれぞれの場所を見いだしている。道具全体の空間性を統一しているのが、あの事情全体性であり、ひいては有意義性であり、私たちがあらかじめ有意義性を理解しているからこそ、方位が形成されてくる。すなわち、環境的空間の中で私たちが道具的なものを見いだすのは、もともと世界―内―存在として現存在が空間的であるがゆえにだということができる。現存在とは Dasein というドイツ語の訳語であるけれども、Da というのは「現」と訳したように、単に時間的な意味ではなく、むしろ「そこ」という空間的・場所的な意味を持った言葉なのである。では現存在は実存論的にはどのような空間性を持っているのだろうか。

現存在は、まず「隔たりを取り去ること」すなわち近づけることにおいて空間的である。書棚に置かれた本は読む気がおこらない限り、環境的に私たちからはるかに遠くに隔たっている。しかし、今読もうと配慮された場合、その遠さは取り除かれて本は身近なものとなる。むしろ、その本との距離さえ、この「隔たりを取り去ること」によって見いだされるのである。もちろん、この遠さや近さは、私の身体との距離をいうのではない。自分が眼鏡をかけているとしよう。鼻の上に乗っているこの眼鏡の方が、私が今鑑賞している向こうの壁に掛かっている絵よりも、環境的にははるかに遠いのである。環境的に「近づける」とは身体へ向かっておこなわれるのではなく、配慮している世界―内―存在へと、したがって世界の中にあることにおいて見いだされている道具的なものへ向かっておこなわれているのである。たしかに現存在もいつも「ここ」に場所を占めている、と私たちはいうことができる。しかし現存在は世界―内―存在として環境的に、さし当たりまず配慮において「あそこ」の道具的なものの「もとに」ある。すなわち現存在はさし当たりけっして「ここ」にあるのではなくて「あそこ」にあり、その「あそこ」から「ここ」に帰ってくるのである。現存在はさらに、「方向づける」という空間的な性格を持っている。近づけるということはあらかじめ、すでにある方位の中へ方向をとっていたことであって、配慮とは「方向づけ遠さを取り去る」ことなのである。現存在はこのように「方向づけ遠さを取り去る」ものとして、自分の方位を持つ空間的なものなのである。

――自己と他人――

自己への問い

世界を解明したハイデッガーは第二の問題、世界―内―存在としての現存在は「だれ」であるかという問いに移る。この問いの答えはすでに、現存在はいつも私自身である存在者であり、その存在はいつも私の存在であると規定した際に与えられているように思える。だがしかし、この「だれ」を私と答えるのは存在論的には十分ではない。というのは「私」というのは他人と区別され、他人と対立する主観としての自我という存在的な告示を含んでいるからである。この問いを存在論的に受けとめる限り、私たちはさらにもっと進まなくてはならない。しかもハイデッガーはさらに、自己というもの

ジャン＝ポール＝サルトル

に、真の自己（本来的自己）と真の自分自身を失った非本来的自己とを区別するのである。それゆえ、日常生活の主体はだれかという問いには、単に「わたし」と答える以上に問い進まねばならない。結論をいってしまえば、日常的な世界―内―存在は非本来的な自己である。それはどのように主張されているのであろうか。

さて自己を問うことは同時に他人、すなわち他の現存在を問うことなしにはおこなえない。なぜなら、世界を持たない単なる主観がまず存在するのではないように、「ともに現に存在している」他人のいない孤立した自我などは与えられていないからである。

他人

さて、すでに私たちは日常的な環境世界が道具的な連関を持っていることをみた。だがこの世界は道具的な存在者ばかりでなく、同時に他人を開示してくれているのである。なぜなら道具というあり方は本質的にその担《にな》い手としての他人を指示しているからである。たとえば、洋服はそれを着る人の身体に合わせて裁断されているのだし、あるいはまた、その布地の生産者や、その洋服の仕立屋や、洋服屋をも指示している。郊外の散歩の際、道の辺《べ》に広がる畑は、だれかある農夫が耕したものとして、また小川の岸辺につながれた小舟は、だれかある人が向こう岸に渡るためのものとして、私たちに現われる。

このように、他人も、他の道具的な存在者同様、世界—世界—内—存在としての私のものである世界——から開示されている。

しかし他人はある事物に付け加えて考えられるようなものではない。道具は私にとってのみならず、他人にとっても道具である。私の着ている着物は単に私だけにとって洋服なのではない。仕立屋はこれをまさに洋服として仕立てたのであるし、洋服屋はまたこれを洋服として私に売ったのである。畑も小舟も私にとってだけの道具ではなく、他人もまた畑を穀物や野菜を栽培するためのものとして、小舟は川を漕《こ》ぎ渡るためのものとして理解しているのである。それゆえ、このような道具が道具として私たちに見いだされるのが、有意義性としての世界に基づいている限り、世界は単に私たちだけのものではなくて、他人との共同の世界、すなわち「共世界」だといわなくてはならない。そして他人とは、この世界の中に私とともに現に存在する「共現存在」であり、私がこの世界の中に存在するとは、この共現存在とともにあることである。すなわち世界—内—存在としての現存在の存在とは「共存在」にほかならないのである。

主観主義における他人の問題

このようなハイデッガーの見解は、しごく当たり前のことのような気がするであろう。しかし哲学的には、他人の問題はけっして自明なことではない。何度もいってきたように、近世以来、哲学は人間を主観もしくは意識としてとらえ、主観—客観—関係を思索の土台としてきた。この考えでは、他人の問題は解決しがたい難問なのである。なぜならこの立場ではごく図式的にいって、いっさいの基盤は意識としての主観にあって、他のいっさいの存在者は他人をも含めて、この意識の対象ないしは内容としてしか、主観に対する客観としてしか登場しえないからである。他人が私と同じ人間であるということは、この立場では他人もまた意識主観であることを意味する。だが私たちが把握しうるのは客観化され対象となった限りでの他人であり、けっしてこの意識主観そのものではないからである。目の前に現われた自分によく似ている存在者を他人であると考えるのは、意識主観を直接確証したからではなくて、その存在者が自分によく似た外観、身ぶり、態度、話などをすることから間接的に推理したにすぎないであろう。しかし私の出会ったこの存在者が、精巧にできた人形でないという保証はないのである。

だが、ハイデッガーの共存在の思想はこうした難点を打ち破るものである。たしかにハイデッガーにおいても、私たちは世界の中で世界に基づいて他人と出会い、かかわりを持つ。この他人とのかかわりを、彼は道具に対する配慮と区別して、「顧慮」と呼んでいる。けれども私たちはけっして他人と実際に出会い、いっしょにいるから共存在であるのではなくて、逆に共存在であるがゆえに他人と出会うこともできるのである。すなわち共存在とは、私たちが他人と出会うことができるための根拠であって、私たちは他人と実際に出会う前に、いつもすでに世界の内に共存在しているのである。それゆえここでは、実際の出会いで私たちが人形を人間と見あやまることがありうるということは、理論を崩壊させてしまうような欠陥ではなくなる。主―客―関係に立脚する他人問題にとって、この見あやまりの可能性が決定的であったのは、この場合の理論がすべて他人との出会いを土台にし、そこから出発していたからなのである。だが、私たちが人形を人間と見あやまることがないのは、実はそれ以前にすでにあらかじめ、私たちが他人との何らかのかかわりの中で生きてきているからである。主―客―関係に依存しては私たちはそのことを説明できない。しかし共存在の理論はそのことを説明できるということができる。

「ひと」

さて、では現存在は日常性において何ものであろうか。

私たちはすでに現存在が、配慮したものの「そこ」から「ここ」へと帰ってくるのをみた。ということは、現存在は日常生活では、配慮する存在者としての自分の存在を配慮されたものから理解し決定するということを意味する。すなわち、日常生活の中では私たちは環境世界に没入し、その世界から自分を理解してくるのである。自分の生き方を自分自身できめずに、この世界からきめているのである。ということは、私たちは他人との共同のあり方に没入し、知らぬ間に他人の支配を受けて自分自身を失っているということである。前章で述べた人々の平均化という現象を思いかえして欲しい。この現象は、ここでいう他人の支配を如実に物語っていると思われる。

このように、日常生活での現存在は他人の支配のもとに自分自身を失っている。しかし他人といっても、私たちを支配しているこの他人は、特定の他人ではない。この人でもあの人でも、また幾人かの人でも、すべての人でもない。しかもだれでも、私でさえもがその支配のもとでそれへと解消してしまっているような中性者、それがこの他人であり、ハイデッガーはこの他人を「ひと」と呼ぶ。私たちがよく「世間」という意味で「ひとは……」ということがある、その「ひと」である。他人との共存在は私たちをこの「ひと」という他人の中に解消してしまうのである。

この「ひと」が道具的な環境世界の主体者である。共世界としての、この環境世界は公共的なものであって、その究極目的は結局「ひと」の存在だということになる。その端的な例を私たちは新聞、ラジオ、テレビなどのマスコミュニケーションにみることができる。マスコミが伝達する場合の相手は特定のだれでもなく、しかもだれでもがそれであるような他人、私がその一人であるような他人であり、しかも世論とか視聴率などとかで、この伝達を支配するのもこの他人、「ひと」である。その他、交通などの公共的機関、政治、経済の諸機構などを支配するのもこの「ひと」である。耳なれた言葉でいえば、「ひと」とは存在的に「大衆」と呼ばれているものにほかならない。「ひと」は大衆の存在論的な把握だといってよいであろう。

ハイデッガーによれば「ひと」は独特なあり方を持っている。まず差異性である。日常生活の中で私たちはいつも他人との差異を気にかけている。他人との差異をなくそうとするためであれ、あるいは他人と差をつけ優位に立とうとするのであれ、私たちはいつも他人との差異に関心を持ち、自分で気づいてはいないけれど、そのことによって不安にされている。そしてこの差異性こそ、現存在が他人によって支配されていることを示すものなのである。

この差異性という性格は共存在が平均性を配慮しているということに基づいている。平均性が「ひと」の第二の性格である。私たちは日常生活において、平均性を基準とし、それを守ることによって安心している。

それゆえ、また日常性は平均性を越え出る例外的なものを我慢《がまん》できず、そういうものが現われれば、たちまちのうちに平坦化してしまう。どんなに優れたものでも一夜たてば、たちまちなめらかにならされてしまうのが私たちの日常生活である。

これら差異性、平均性、平坦化という「ひと」のあり方が、公共性と私たちが呼ぶものを構成しているのである。公共性は世界や共同の生活についての見解を規制し、その正しさの基準になっている。それゆえ私たちが物事を判断し決定する場合も、いつも「ひと」が顔を出し、現存在から責任を取り除いてくれる。なぜなら「ひと」はだれでもなく、したがって責任を持つべき者はだれもいないからである。日常生活に埋没し「ひと」へと解消している限り、私たちはすべての責任から逃れ、生きていくことの重みを除かれて、のんきに安心して過ごしていけるのである。

頽落と自己

世界に没入し、「ひと」へと解消されて、自分自身を失っている現存在の日常的なあり方を、ハイデッガーは「頽落《たいらく》」と呼ぶ。もっともハイデッガーによれば、頽落とはけっして道徳的な価値の低さをいっているのではない。それは実存範疇としてあくまで存在論的規定であり、しかも私たち現存在がさしあたり、まずとっているあり方、いわば、現存在の最も基本的なあり方を示すものなのである。

ところで、自己を失っているといっても、頽落によって私が私でない別なものになってしまうわけではない。現存在は常自性という性格を持つ。すなわち現存在はいつでも私であり、自己を失うということも私の可能的なあり方の一つである。ハイデッガーは頽落し、自分自身を失った自己を「ひと—自己」と呼び、真の自己すなわち「本来的自己」と区別する。では本来的な自分の存在とはどのようなものであり、私たちはいかにしてそれになることができるのか。ハイデッガーによれば、存在の意味を問いうる地平の解明は、この本来的自己存在を明らかにすることによってえられるのだが、この問いに答えるのは後のこととしなければならない。

——現存在の存在——

A 現存在の開示性

内―存在への問い

今までの分析によって、世界―内―存在の世界、及び現存在が日常性において何者であるかが明らかにされた。では、現存在が世界の中にあるという、その「中にある」とはどのようなことなのか明らかにされなければならない。ハイデッガーはまず、この現存在の存在の個々のあり方を解明する。それらは「気分」「理解」「語り」である。もっとも個々のあり方といっても、世界―内―存在は統一的現象であって、現存在はそのつど別々のあり方をしているのではない。これらのあり方の根源は等しいのであって、むしろ現存在という一つの事態を構成しているいろいろな契機ないしは側面を明らかにするのだといった方がよい。それゆえ、これらのあり方を解明した後、ハイデッガーはさらにこれらを統一して、現存在の存在の全体を一つの構造へとまとめあげる。現存在の存在とはこの全体性をいうわけだけれど、あらかじめいっておけば、ハイデッガーはそれを「憂慮」と名づけるのである。

現存在のこれらの存在の解明にはいる前に、私たちはこの解明がどんな意味を持つのか理解しておこう。現存在が空間的であることはすでに述べた。「現(そこ)」とは普通の語義では「ここ」や「あそこ」を意味するのである。そして私たちは「あそこ」が道具的存在者を規定するものであること、また「ここにいる私」という時の「ここ」がいつも「あそこ」から理解されていること、そしてこのような「あそこ」「ここ」は現存在が空間的なるがゆえに可能なのだということをみた。いいかえれば、「あそこ」「ここ」は現存在が実存しつつ、いつも「現」であるがゆえにのみ、また、その「現」の中にのみ可能なのである。それゆえ私たちは「あそこ」の存在と出会うこともできるのである。現存在とはいわば、すべてがそこで照らし出され、現われ出る明るみであり、そのようなものとしてそれ自身照らされ、明るくされているものだといえる。現存在がこのような「明るくされている明るみ」であることをハイデッガーは、閉ざされていないこととして「開示性」と名づける。「内―存在」の解明とは、現存在がこのような「現」であること、すなわち、「明るみ」であり「開示性」であることを実存論的に解明するものなのである。

気分と事実性

最初に取りあげられる内―存在は「気分」である。ハイデッガーは私たちはいつも気分づけられているという。日常生活の配慮が妨げられていない時には落ち着きがあり、妨げられた時には不機嫌になる。あるいは憎しみ、恐怖、不安とか、上機嫌、喜び、楽しさ、愛とか、私たちはいつも何らかの気分に満たされている。たしかに私たちは同じ調子で持続し、何の高揚も沈滞も感じないような状態、いわば何の気分も持っていないむなしい状態に陥ることがある。しかしハイデッガーにいわせれば、このような無気分《むきぶん》も実はけっして気分がないのでなく、現存在は自分自身にあきあきしているのであり、むしろこのような気分の中でこそ、自分の存在は重荷として明らかになっているのである。そうした気分を持つのはなぜであるか私たちは知らない。私たちの知るという働きは、気分が開示することに比べてはるかに及ばないからである。気分が高揚している時は、私たちはこの重荷を感じない。しかしこの高揚した気分も、重荷を取り去るという仕方で、まさに現存在が重荷を担っているという性格を開示しているのである。

気分が開示するものは、上述で明らかなように、理由を知ることもなく「存在しかつ存在しなければならぬという事実」である。私は自分が現存在として存在することを自分で選んだわけではない。私たち現存在は、何処《どこ》からきて、何処《どこ》へゆくのか知らぬまま「現」へと投げこまれているのである。このような現存在の存在性格をハイデッガーは「被投性」と名づけている。被投性は、現存在がそれへと引き渡されている自分が存在しているという赤裸々な事実を意味しているが、この意味では「事実性」とも呼ばれうるものである。気分はいつもすでに現存在をその被投性において、あるいは事実性において開示しているのである。

理解と実存性

気分と根源を等しくして現―存在を構成しているのが「理解」である。気分はいつも自分の理解を持ち、また理解はいつもすでに気分づけられている。私たちは存在理解ということなどで、何度も理解について語ってきたけれども、その存在論的・実存論的解明が今おこなわれるわけである。理解するということが開示する働きであることは、前にみた世界の分析でも明らかであろう。現存在の理解は究極目的として自分の存在と、それとともに、世界がそれに基づいている有意義性とをとらえていた。すなわち、理解において世界―内―存在全体が開示されているのである。では、理解は「現」の存在をどのように構成しているのであろうか。

理解するということは「何かをすることができる」という意味を含んでいる。2＋3が5であることがわかったということは、2＋3の演算をもすることができるということである。目の前に置かれた細長い棒が鉛筆であることを理解したということは、それによって私たちは字や、絵を書くことができるということである。「理解する」という働きの中には、このように「そのようなあり方をすることができる」という現存在のあり方が実存論的にひそんでいる。ただし、このことを私たちが普通考えるように、視力や聴力などと同様に、私たちが持っていて適宜発揮できる一つの能力と考えてはならない。「存在することができる」ということは、現存在が持っている、ある事物的な何ものかではなくて、現存在が、世界―内―存在として存在するそのことを規定している実存範疇であり、現存在が何よりもまず「……できる」という存在であること、すなわち現存在が本質的に自分の可能性そのものであることを意味しているのである。しかも理解するという働きが、世界―内―存在という根本体制全体をつかまえることも忘れてはならない。現存在はいつでも、「世界の内に存在することができる」のである。

理解するということで開示されているこのような現存在の存在の性格を、もし日ごろ私たちが使い慣れている言葉で表わすとすれば、私たちが本質的に自由であることだといってよいであろう。しかし、この自由が、世界―内―存在全体をつかまえている存在規定だとしても、それは現存在が無差別に自由だということを意味しない。現存在は気分づけられるものとして、いつも一定の可能性の中に落ち込んでいるからである。現存在は可能存在としてすべての可能性の中にわけ入り、ある可能性をとらえたり、とらえそこなったり、あるいは放棄したりしている。このことはまさに、現存在が自分に引き渡された可能存在であり、あくまで被投された可能性にすぎないことを意味しているのである。

ところで、理解するという働きが、それが開示するものへ向かって可能性の中を突き進んでゆくのは、それが「企投」と名づけられる実存論的構造を持っているからである。私たちはすでに現存在は日常生活では、「あそこ」にある道具的なもののもとにとどまり、この「あそこ」から「ここ」の自分を理解してくるということをみた。現存在はこの場合、有意義性に基づいて自分の存在をあそこの道具のもとへ投げ込み、それによって自分のあり方を企画したのである。ただしそれは現存在があらかじめ一定のプランを定め、それに従って自分のあり方をきめるというのではない。現存在はいつもすでに自分を投げ企《くわだ》て、企投しつつ存在している。現存在はいつもすでに企投している可能性から自分を理解してしまっているのであり、あらかじめ可能性を主題的に把握しているのではないのである。

初め、現存在の存在の特徴として、実存ということ、すなわち現存在はあれこれと自分の存在にかかわる存在だということをいったけれど、そのあり方がこの企投に当てはまることは明らかであろう。それゆえハイデッガーは、気分が開示する現存在の事実性に対して、理解が開示する企投という存在性格を「実存性」と呼ぶ。事実性と実存性は根源を等しくして世界―内―存在全体を構成し、それゆえ企投はあくまで事実的な活動領域を構成するものであること、あるいは現存在は被投されたものとして、企投というあり方の中へ被投されるのだということを忘れてはならない。

私たちが諸事物のように、自然科学などによって認識され記述されるものではないことは、この企投というあり方を持つことからして明らかであろう。現存在は自然科学的認識の対象として目の前にあるよりも、いつでも「より多く」あるということができる。なぜなら現存在はいつも可能存在であるのだから、「まだ存在しない」ものであるからである。現存在はいわば、彼がそれになるか、あるいはならなかったりするものであり、それゆえ「汝がそれであるところのものになれ！」という道徳的な命令も成立するのである。

それゆえまた、現存在が本来性、非本来性（頽落）という二つのあり方を持っていることも明らかになる。企投はいつも世界―内―存在全体の開示性に該当する。理解は何よりもまず第一に世界の開示性の中に身を置き入れることができ、したがって自分の世界から自分を理解することができる。さしあたって、ほとんど現存在はこのように自分を理解しているのであり、これが非本来的なあり方である。さもなければ、現存在は何よりもまず第一に、究極的目的としての自分の可能存在へ自分の存在を企投し、自分自身から自分を理解することができる。すなわち私たちは自分自身として実存することができるのであって、これが本来性と呼ばれるあり方である。もちろんどちらのあり方であるにせよ、他方の理解がなくなるわけではない。理解の働きは、世界―内―存在全体を開示するのであるから、むしろ究極目的への自分の存在の企投と有意義性（世界）へのそれとは一体をなし、それゆえ、そこに存在一般が開示され、個々の可能性への企投に先だつ、あの存在理解が成立するのである。要点はただ、究極目的と世界とどちらへの存在企投が第一のものであるかにかかっているのである。

語りと言葉

ハイデッガーは理解から、「解釈」を導き出し、さらに解釈から派生するものとして「陳述」を論ずる。しかし、陳述が言ったり、話したりして他人に物事《ものごと》を伝達するということを含む限り、それは単に理解からのみ派生したということはできない。ハイデッガーによれば、気分や理解と根源を等しくする開示性として「語り」ということがあり、それは理解を分節に分けてはっきりとさせる働きであって、それゆえ解釈や陳述の根底には、すでに語りが存するという。理解という働きの中で、このように分節化することができるものが「意味」と名づけられるものであり、実は理解はいつもこの意味に基づいておこなわれるのだけれども、語りはこの意味をはっきりさせ、明るみに出すのだということができる。

この語りが発言されて「言葉」というものになる。また語りということには「聞く」ということや「沈黙する」ということが属している。語ることは共存在としての現存在の開示性であり、私たちは交わりの中で語りつつ、互いに理解するものを意味づけつつ分かち合うのである。私たちは語りながら、他人にまた自分自身に聞き入り、そのことによって互いに従属し合っているのである。

B　頽落

現の日常的あり方

今までで、世界―内―存在の開示性の実存論的な諸構造が、気分（被投性・事実性）、理解（企投あるいは実存性）、そして語りとして明らかにされたが、これらの解明では現存在の日常性という視野は度外視されて、ただ開示そのものが主題になっていた。私たちは再び日常性という視点に立ち帰って、そこではこれらの開示性がどのようなあり方をとっているかをみることにしよう。日常性では、すでに述べたように、私たちはたいてい「ひと」に没入し「ひと―自己」となって本当の自分自身を失っている。このようなあり方をハイデッガーは頽落《たいらく》と名づけていた。頽落においては「現」の開示性はどのようなあり方をとっているのであろうか。

おしゃべり

現存在は「語《かた》り」という開示性を持っていた。しかし日常生活において、私たちは有名人のゴシップや他人の噂話《うわさばなし》、流行のことなど、すぐ忘れられてしまう話題に熱中しているのが常のことである。一体このような語りが本当に私たちの存在を開示しているといえるのだろうか。「ひと」は平均性という性格を持っていた。それゆえ日常性では語りが伝達されても、現存在はただ共通に平均的に語られたことの上《うわ》つらだけを理解し、皆と同じことを考えるだけで、語られることが心底から自分のものにされることがないのである。伝達とは本来、語りが開示する語られているものに、聞く人を関与させるものである。しかし日常性では語られるものへのかかわりを分け合う代わりに、ただ語られるそのことだけがたいせつになる。たしかに平均的な理解に従ったこのような伝達は、広く多勢の人々に伝わり、また人々はそのような話に従い、受け売りをし、人がそういうからそうなのだ、ということにもなる。けれども語られるものへのほんとうのかかわりを失ったこのような語りは、根を失ったまったくの空話《からばなし》であり、単なる「おしゃべり」でしかない。おしゃべりにおいては、語りの開示性は曇らされ、むしろ閉じてしまっているのである。そして現存在の日常的な交わりを支配しているのは、このおしゃべりにほかならない。

好奇心

理解をはじめとする現存在の開示性は、現存在の明るみと名づけられていた。この明るみの中で、私たち現存在は初めて存在者とかかわり、その存在者をほんとうに自分のものにすることができる。このような現存在のあり方を、ハイデッガーは開示性を明るみということに応じて、「見る」ということになぞらえている。

ところで日常性では「見る」ということも、見られたものを理解し、ほんとうに自分のものにするためでなく、ただ見るためにだけ見ようとするようになってしまう。現存在の視線は身近な一つのもののところにとどまらずに、新しいもの、新しいものと追い求め、変化による刺激や興奮を求める。日常性では、存在はこのようにして気を散らし気をまぎらわして、気晴らしにふけるのである。このような「見る」の頽落したあり方をハイデッガーは「好奇心」と名づけるのである。

おしゃべりと好奇心は、いつも手をたずさえている。好奇心はおしゃべりの話題を提供し、おしゃべりはまた、好奇心の進路を決定する。興味本位の俗悪な週刊紙や新聞、雑誌、テレビ番組の氾濫《はんらん》はまさにこのよい例であろう。それらは、人々の好奇心をかきたて、おしゃべりの話題を提供するのだけれども、同時に、人々の好奇心にへつらい、その動向をさきどりすることで成立しているのである。

あいまいさ

おしゃべりや好奇心が以上のようなものとすれば、そこで理解されあらわになる意味というものも、けっして本物ではない。意味をはっきりと、とらえる仕事は「解釈」と呼ばれるけれど、平均的表面的な日常性の解釈は「あいまい」なのであり、ゆがんでいるのである。人から人へ広く伝わる公共的なおしゃべりの中では、あらゆることが話され、人々はまた話されたすべてのことをわかっていると思う。しかしほんとうはけっしてわかっていないのである。このあいまいさは、私たちがすでに手に入れたものについてばかりでなく、存在可能としての理解の中に、すなわち企投というあり方の中に根づいている。人々はだれでも、今おきていることばかりでなく、今生じていないけれども、ほんとうはなされねばならないこと、おこるべきことについておしゃべりをすることができる。しかし単なるうわさから始まり、真に、自分のものとすることのない、このおしゃべりの中では、あいまいさがことがらの真正《まっしょう》さを失わせ現存在の可能性は窒息してしまうのである。

頽落している現存在の性格

以上の三つのあり方が、頽落せる日常的な現存在のあり方である。この際、注意しなければならないことは、頽落ということが現存在の存在論的な規定であるということである。すなわち第一に、前に述べたように頽落ということは必ずしも倫理的・宗教的な価値の低さをいうのではない。第二に、頽落、すなわちおしゃべりや、好奇心や、あいまいさというあり方は、何かが外部から、たまたま現存在に働きかけて成立した偶然的な現象、あるいは、実際私たちが現実にこうしたあり方をしているという単なる事実を指摘しただけのものではなくて、私たち現存在の存在を構成している本質的な規定だということである。

おしゃべりは、私たちが互いに交わりを結んでいるということ、そのことのあり方であり、現存在が共存在である限り、頽落へと私たちを誘惑するのは、ほかならない現存在自身である。世界—内—存在としての現存在は自分自身に対して誘惑的なのである。

だが「ひと」という公共性への頽落は前に述べたように、人々をあらゆる責任から解放する。また「すべてがわかった」と思い込ませるおしゃべりとあいまいさは、私たちに自分の存在を思いのままに支配できると思わせ、またそのことが自分の可能性の安全や真正《まっしょう》さ、また充実を保証するように思わせる。こうした思い込みは現存在に慰安を与える。現存在は誘惑的であると同時に、それ自身慰安的なのである。

しかし、頽落において私たちは真の自分の存在を失っている。あらゆる方面に向かう好奇心や、あいまいな理解は、何がほんとうに理解されねばならないかについて決定することもせず、向かうことさえしない。頽落において現存在は、自分の最も固有な本来的な存在の可能性が、覆《おお》い隠された自己疎外へと追いやられるのである。

この自己疎外とはしかし、私たちが、実際に自己から引き離されてしまうことではない。むしろ、ここでは過度な自己分析が重んじられることもある。頽落では私たちの存在の可能性は開かれず、私たちは閉鎖的に非本来的な自分自身にとらわれてしまうのである。現存在は誘惑的、慰安的、自己疎外的であると同時に自己にとらわれているものである。

C　憂慮——現存在の存在の全体性

全体性への問い

以上で私たちは現存在の存在の仕方を「現」の開示性としていろいろたどってきた。しかし現存在は世界—内—存在として一つの統一的現象であり、したがって、上述のあり方はけっしてばらばらなものではなく、一つの統一的な全体を形成しているのでなければならない。上述のあり方はこの全体を構成する要素なのである。とはいっても、これらのあり方が、いわば部分として組み合わさっているのにすぎないならば、けっして統一的な現象とはいえない。これらの中には根源的な連関が働き、それがこれらを全体たらしめているのでなければならない。私たちはここでこのような現存在の存在の全体性（根源的連関）を、実存論的―存在論的に問わねばならない。それゆえハイデッガーは事実性や、実存などの現存在のあり方を単に表面的に結合することを退《しりぞ》け、この全体性を自分自身に提示するような優れた現象の体験を求める。この優れた現象こそ不安という気分にほかならない。彼は不安を現存在の存在の一つの優れた開示性として、根本的な気分であるという。では不安とはどのようなものであり、私たちの存在をいかに開示しているものであろうか。

不安

私たちはしばしば不安を恐怖と混同する。しかし不安と恐怖とはまったく別の気分である。私たちが恐れるのは、何かあるはっきりした対象、世界の内部に現われる何らかの存在者に対してである。しかし不安にははっきりした対象はない。不安の対象は世界の中に現われ、道具的、事物的に存在するような何ものでもなく、またどこにもない。いいかえれば、不安の対象は「無」であるといえる。

これはどういうことであろうか。日常性においては世界内部に現われてくる存在者は、有意義性としての世界に基づいていた。不安においてはこの有意義性という構造が崩壊し、世界はむしろ、無意義性という性格を持つようになるということである。しかし「何ものでもなく、どこにもない」ということで表明された完全な無意義性とは、けっして世界がなくなってしまったことを意味するのではなく、世界内部の存在者が

不安にははっきりした対象はない。
不安の対象は世界そのものである
—本文P.105〜107参照—

まったく重要ではなくなり、無意義になってしまったということによって、世界がかえって単独に真実の姿を現わしてくるということを意味するのである。したがって現象的には、不安の対象は世界そのものだといってよい。しかし世界とは、存在論的には現存在の存在に属するものであり、それゆえ、現存在が不安がる対象はほかならぬ「世界―内―存在」自身、私たちが理由も知らず世界の中に投げこまれて存在しているということそのことなのである。

さて、不安は何かを不安がるばかりでなく、同時に何かのために不安がる。この不安の理由も、世界―内―存在自身である。不安の中では世界の中のすべての存在者が沈みこみ、もはや世界は私たちにどのようなものも提供することはできない。私たちは世界に頽落し、世界や公共性から自分を理解する可能性を奪われて、自分自身から自分を理解せざるをえない。不安が不安がる理由はそのことである。すなわち不安は現存在を「ひと」から引き離して単独化し、本来的に実存することへ、ほんとうに自分自身で世界の中に存在することができるということへ投げかけるのである。不安は私たちを自分自身で、自分自身を選ぶという自由の前に立たせるのである。

日常性では私たちは、世界内部の存在者に馴《な》れ親しみ、そこに住んでいた。世界はいわばわが家のようなものであり、私たちはそこでアット－ホームなくつろぎを感じていたのである。しかし、不安ではこの家が崩壊する。世界はもはやアット－ホームなくつろぎを与えず、私たちは落ちつかぬ無気味さを感じざるをえない。逆にいえば頽落とは、自分自身であるとき感じるこの無気味さを避けんがために、本来的な自己から逃避することなのである。だが、自分自身にいたるためには、私たちはこうした無気味さに耐えねばならないのである。

憂慮

さて、では不安の中で、どのような現存在の存在の全体性、すなわち現存在の存在のさまざまな性格を全体たらしめている根源的な連関があらわになったのだろうか。

以上の分析は形式的に数えあげれば、次のような事態が不安の中にひそんでいることを明らかにした。第一に不安がるということは気分として、世界―内―存在の一つのあり方であること。第二に不安の対象は被投的な世界―内―存在であること、第三に不安の理由は、世界―内―存在可能であることである。したがって、不安は現存在を事実的に実存する世界―内―存在として開示している。すなわち、現存在を実存性、事実性、頽落という存在性格の全体において統一的に示しているのである。

さて、現存在はその存在において、この存在そのものにかかわる存在者であり、そのことは実存すると呼ばれていた。このことは、不安において根源的、具体的に、最も固有な存在可能に対して、また同時に、本来性と非本来性という可能性に対して開かれ自由であることとして現われていた。しかし、最も固有な存在可能にかかわって存在するということは、ハイデッガーによれば、存在論的には現存在が自分が存在することにおいて、そのつど、いつもすでに自分を越え出て、「自分に先だって存在する」ということなのである。

ところが一方、世界―内―存在には、現存在が自分自身に引き渡されているということ、すなわち一つの世界の中に投げこまれているということが属している。これが事実性である。それはまた、不安の中で根源的、具体的に示されることなのである。「自分に先だって存在する」とは、それゆえ、より完全に表現されるならば、「自分に先だってすでに一つの世界の中に存在する」といわなければならない。すなわち実存することは常に、事実的に実存することであり、実存性は本質的に事実性によって規定されているのである。

だがさらにまた、被投された世界―内―存在可能は、いつもすでに配慮された世界にとらわれていた。すなわち被投された世界―内―存在可能には本質的に「配慮された世界内部の道具的なもののもとに頽落して存在する」ということが、いっしょに開示されているのである。それゆえ、現存在の存在論的な全体性は次のようにとらえられる。

「自分に先だってすでに（世界の）中に（世界内部的に見いだされる存在者の）もとでの存在として存在する」

そしてこのように把握された現存在の存在をハイデッガーは「憂慮」と名づける。ハイデッガーは私たち人間が存在しているというのが、どのようにしてであるかを描き出したのである。私たちはすでに似たような言葉として配慮と顧慮という言葉を知ったけれども、この二つは憂慮[1]の一つの特定のあり方にほかならない。

1) だが、その際、次のことが注意されなくてはならない。「自分に先だって……」とは、実存あるいは、企投というあり方を意味する。「すでに（世界の）中に……」とは事実性あるいは被投性のことである。「（世界内部に見いだされる存在者の）もとでの存在……」とは頽落のことであった。だが、この三つの契機で憂慮を構成しているとすれば、ハイデッガーが開示性として示した現存在のあり方のうちで、「語り」という契機が抜けているではないか。これはどうしたことなのであろうか。それについて、ハイデッガーはほとんど何も語っていない。ただ、理解、気分、頽落によって構成された開示性は語りによってはっきりとした姿を現わす、というようなことをいっているところをみると、語りは他の三つのように憂慮を構成する一契機ではなく、憂慮全体を貫き浸透しているものと考えていたのであろう。とはいっても、現存在の存在の全体性である憂慮の構造に、語りが組み入れられなかったのは奇妙なことであって、後期の思想で「言葉」が重要なものになることを考え合わせれば、少なくとも、『存在と時間』の段階では、まだ、語りや言葉についてハイデッガーの考えは熟していなかったということができよう。

D　現存在の真理と非真理

開示性と伝統的真理観

さて以上のように、開示性として特徴づけられる現存在の存在（それは憂慮として根源的統一を伴っている）はどのような事態を私たちに教えているのか。私たちは、わかりがたいハイデッガーの思想をよりよく理解するために、真理という観点から、もう一度ふり返ってみよう。

開示性は明るみとも呼ばれた。そこでは、現存在自身のみならず、世界内部に存在者がそのものとして初めて露呈されてくるからである。このように存在者が、隠蔽《いんぺい》されずに姿を現わしてくることは、真理と呼ばれてよい。もともとギリシア語で真理とはアレーティアというが、それは「隠匿されていないこと」を意味していたからである。とすれば現存在の開示性は、すべての世界内部の存在者の真理を可能ならしめ根拠づける根源的な真理だといってよいのではあるまいか。

伝統的な見解は真理の場を陳述あるいは判断にあるとし、その判断と対象の「一致」をもって真理の本質と考えてきた。この一致の真理は中世以来「心と物の一致」と呼ばれ、あらゆる真理観の前提となってきたのである。いうまでもなく、主観―客観―関係に基づく時、私たちはこの真理観以上に出ることはできない。だが私たちはさらに、その伝統的な真理観に対して、いったい心と物の関係はいかにして可能であるかと、問うことができる。すなわち真理の性格を解明するためには、この関係を単純に前提することでは不十分であり、この関係を担う存在連関が問いかえされなければならないのである。

壁に背を向けてすわっていた男がふり返って「壁の絵はゆがんで掛かっている。」といったとしよう。そして、この陳述が真だとしよう。いったいこの男がこう述べることによって何が示されたのだろうか。いったいこの陳述はいつ真なるものになったのだろうか。陳述とは存在している事物そのものへかかわる一つのあり方であり、そして、そのことによって示されるのは、陳述において意味されていたものは存在者そのものだということ以外のものではない。陳述の中で確かめられるものは、陳述が陳述されたものへかかわるあり方は、存在者の提示ということであり、そのあり方は、かかわっている存在者を発見している、ということである。示されることは、陳述が「発見している」ということである。このように、陳述が真であるということは、それが「発見しながら―ある」ということ以外に理解すべきでないとハイデッガーはいう。

真理の根源的現象

真理とは発見していることをいう。しかしこの真理の規定は、けっして勝手気ままになされたものではない。上述したように真理とはもともと、ギリシア語で「隠匿《いんとく》されていないこと」すなわち「発見されていること」を意味していたのである。それゆえ、もし私たちが発見そのものを可能にするもの、いいかえれば発見そのものの実存論的―存在論的基礎を見いだしえたら、そのものこそ真理の最も根源的な現われだといえるであろう。

さて、発見するということは世界―内―存在の一つのあり方であり、発見されるものは世界内部の存在者である。すなわち存在者の配慮や、配慮が希薄になった、いわゆる客観的に見ることが世界内部の存在者を発見する。発見されたもの（世界内部の存在者）もいうまでもなく真である。しかし、それは第二の意味である。第一の意味で真なのは発見する方であり、すなわち現存在にほかならない。

世界の分析のところでは、世界内部的な存在者が発見されるのは世界の開示性に基づいているということが示された。しかし世界は世界―内―存在としての現存在の構成契機であり、開示性とはその現存在の根本的なあり方であって、それゆえに現存在が現であるゆえんのものであることが明らかにされたのであった。

そして、この開示性を憂慮の、「自分に先だって―すでに世界の中に―世界内部の存在者のもとでの存在」という構造が、それ自身の中に蔵していたのである。この現存在の開示性とともに、またこの開示性によって「発見されていること」は存在する。それゆえ、ハイデッガーは現存在の開示性こそ、真理の最も根源的な現われにほかならないというのである。

真理(非真理)の中にある現存在

ところで、現存在は本質的にその開示性なのであるから、以上のことをひと言でいってしまえば、「現存在は《真理の中に》存在する」ということになる。とはいっても、もちろん、この言葉は存在論的な意味でいわれるのであって、私たちは存在的に、つまり日常、他人や事物とのかかわりの場面でいつもただひたすら真であることではない。むしろこうした場面では現存在の存在構造には、頽落もまた属していたことの方が注目されなければならないであろう。発見されたもの、開示されたものは、おしゃべりや好奇心やあいまいさなどによって、間違《まちが》ったものに変えられてしまったり、閉鎖的なあり方に陥り、いわば根を失ってしまっているのである。たしかにそこでも、何ものかは見いだされていて、完全に隠匿されているのではないけれども、しかしそこでの発見は、虚構という仕方でしかない。このように、現存在が存在構造に従って本質的に頽落であるゆえに、私たちはまた同時に「現存在は《非真理の中に》存在する」といわなければならない。このことを私たちは私たちの事実性として甘受しなければならない。もっとも、現存在が開示されるがゆえにのみ、それは閉鎖的でありうるのであり、世界内部的な存在者が間違ったものに変えられてしまったり、隠匿されたりするのも、もともと現存在とともに世界内部的な存在者が発見される限りにおいてのみ可能なのである。

3　現存在の本来性

――先駆《せんく》的《てき》決意性――

以上によって、現存在の存在の全体性が憂慮として明らかにされた。しかしハイデッガーによれば、憂慮を取り出しただけでは、まだ現存在のさまざまなあり方全体を根源的に統一しているものが明らかにされたということはできないのである。なぜなら、今までの現存在の分析は、平均的な日常性を手がかりに現存在の非本来的なあり方が明らかにされただけだし、また現存在の全体を、すなわち現存在をその「初め」から「終わり」まで見通したわけではなかったからである。憂慮は日常性における現存在のあり方を統一しているものとして取り出されただけであり、ハイデッガーによれば、非本来性の立場からは現存在の存在全体を見通すことはできないのである。現存在の分析はその本来性と全体性を明らかにした時、根源から果たされたことになる。そしてその時、私たちは初めて現存在の存在の意味も明らかにすることができるのである。

死―現存在の究極の可能性

では現存在の存在全体とは何であろうか。現存在は誕生と死によって限界づけられている。すなわち現存在の終わりとは「死」である。とすれば、現存在の全体性をとらえるためには、私たちは自分の死を経験しなければならないように思えるけれども、そんなことが私たちには可能であろうか。いや、私たちは自分の死を経験することはできない。生きている限り、私たちにはいつもまだ現実的になっていない何物かがまだすまされないまま残っている。現存在が実存として「自己に先だつ」ものであること。すなわち、いつも自分の可能性そのものだということはそれを意味している。現存在は全体としてすでに与えられているようなものではないのである。とすれば、現存在は自分の全体性をどのようにして経験できるのであろうか。

死はいつも自分自身の死である。私たちは他人の死を代わってやることはできないし、自分の死を他人に代わってもらうこともできない。日常生活でのいろいろな行動と違って、死は交替できないあり方であり、いつも自分自身で引き受けなければならないものである。しかし死は、そこで自分の存在そのものが問題になっている限り、自分に固有な存在の可能性を意味しているといえよう。ハイデッガーはそう唱えて、いわば生《せい》の終わりとしての死を逆に生の可能性として生そのものの中に引き入れてしまうのである。ハイデッガーによれば、現存在は上で述べたように「まだ……ない」というあり方で実存しているが、この「まだ……ない」は、まだ全額を返済していない借金のようにそれが満たされて初めて全体が構成されるというようなものではなく、現存在はその「まだ……ない」がすでに存在契機として引き入れられているような全体なのである。現存在はそのような全体として存在する限り絶えずその「まだ……ない」でもあり、したがって現存在は存在しつつ、いつもすでにその終わりでもある。死によって考えられた終わりとは、現存在が終了したということでなく、現存在がいつも、「終わりにかかわっている存在」であるということである。死とは現存在が存在するやいなや、常に引き受けている可能性として現存在の存在に属し、現存在を本質的に構成しているものである。現存在はいつも「死にかかわっている存在」なのである。

死の性格

それでは、死はいったい現存在のどのような可能性であろうか。

実存性からいえば、死は自分自身だけにかかわる、最も固有な可能性である。したがってそこでは、日常性の中で現存在が没入していた他人との関係がまったく絶たれてしまう。死は、他人とはまったく無交渉な可能性である。また、死は現存在の究極の可能性として、追い越すことができない可能性である。

事実性からいえば、現存在は死の可能性の中に投げ込まれているのだということができる。この死への被投性こそ、不安の中でより切実にあらわにされるのであり、死にかかわる存在は本質的に不安なのである。

頽落からいえば、日常性の中では人々はさしあたりほとんど死から逃避し、自分のこの最も固有な可能性をおおい隠しているということができる。日常的な死にかかわる存在は、絶えずおこなわれる死からの逃避なのである。

たしかに「ひと」はおしゃべりの中で、「人はいつかは死ぬ」という。しかしそれは環境世界の中での一つのできごととして、いわば他人事《ひとごと》として死を考えているからいわれるのであって、けっして自分の死の確信ではないのである。だから「人はいつかは必ず死ぬ」という言葉の裏には「しかしさしあたって自分はまだ死にはしない」ということが隠されているのであり、私たちはあたかも自分だけはいつまでも死ぬことがないかのように生きている。だがハイデッガーによれば、「ひと」がこのように死から逃避していることの奥底には、かえって現存在が単に知識として知っている確実さより、高い確実さを死に認めていることが秘められているのであり、それだからこそ現存在はそれをおおい隠し、不安から逃れ出ようとするのである。もっとも、死の確実性にはそれがいつかということはきまっていないということが付随している。しかし、日常的な死にかかわるあり方は、このきまっていないいつを遠い将来にきめてしまうことによって、死から逃避するのである。

死への先駆

では頽落していないほんとうの死にかかわるあり方とは、どのようなものであろうか。普通、可能性にかかわるあり方とは可能的なものを実現しようと配慮することをいうのであろう。しかし死にかかわる存在ということによって、けっして死を実現することが考えられているわけではない。可能性に狙《ねら》いをつけ実現しようと配慮することは、可能性を自由に処理できるようにすることによって、かえって可能性の可能性としての性格を弱め、むしろだめにしてしまう。死はしかし道具的なものでも事物的なものでもなく、現存在の追い越すことのできない究極の可能性なのだから、死にかかわる存在では可能性が可能性として弱められずに理解され、あくまで可能性として保持されなければならない。死にかかわる存在では、死が可能性としてあらわになるように死にかかわらなければならない。ハイデッガーはこのように死へかかわるあり方を「死への先駆《せんく》」と名づけた。死への先駆は、それまで私たち現存在が没入していた他人とのかかわりを切り離す。したがって、それは私たちに対し、私たちが「ひと―自己」に自分を喪失しているということを露呈し、私たちをほんとうの自分自身である可能性へともたらしてくれる。死への先駆は、私たちが本来的に実存する可能性を示すものなのである。

私たちはもう一度、以上のようにむずかしいかたちで述べているハイデッガーの考えをふり返ってみよう。たしかに私たちは日常ハイデッガーのいうように自分の死を遠い将来のこととして忘れ去り、あれこれの仕事に追われて忙しく過ごしている。しかしどのようなことでも死に対抗することができるだけの重みを持った仕事が日常生活の中にあるだろうか。人は自分の死に直面した時初めて、それまで自分が果たしてきたことの空しさを覚《おぼ》えて慄然《りつぜん》とするのが常のようである。そのような物語りは、今まで多くの文学者や宗教家や思想家によって数多く語られてきている。いわば死は多くの人たちにとって、自分の生を写し出す鏡のような役目をしてきたし、私たちにとってもそうありうるものであろう。だからもし、私たちが生きてゆく一瞬一瞬を死の鏡に写し出しながら生きてゆけば、その一瞬一瞬をあたかも自分の生全体を生き抜いたかのように充実して生きていけるに違いない。ハイデッガーが説くこともそのようなことだといってよいであろう。

良心―本当の自分でありうることを証言するもの

ところでハイデッガーは、私たちが実際に本来的な自分自身になりうるには、死への先駆を明らかにしただけではまだ十分でないと考える。というのは、死への先駆は実存論的―存在論的に可能性を明らかにされただけであり、それに対応する実存的な存在の可能性が現存在自身から証明されなければ意味を持たないからである。それを証言するのが「良心」なのである。

日常生活での現存在の「ひと」への没入は、現存在が共存在として他人を聞くことができるということによって可能となる。「ひと」へと自分を喪失した現存在は「ひと」を聞くことによって自分自身を聞き逃《のが》しているのである。本来的自己を取り戻すには、この「ひと」に聞き入ることが打ち破られなければならないが、それは現存在が「ひと」が呼ぶのとはまったく正反対に呼ぶ声を聞きとることによって可能となる。このように呼ぶものが良心なのである。

さて、良心に呼びかけられる者は「ひと―自己」であり、それへと呼ばれるのが固有な自己自身である。では良心として呼ぶ者はだれであろうか。それも現存在である。しかし良心が呼ぶことは私たちが計画したり準備したりしておこなうことではないし、また意思しておこなうことでもない。ハイデッガーによれば「呼び声は私から、しかも私を越えてくる」のである。それではいつ現存在が呼ぶ者になるのであろうか。呼ぶことが私を越えてくるということは、呼ぶ者がだれかは世界内のいかなるものによっても規定することができないということである。すなわち呼ぶ者は、世界へのアット−ホームな親密さを失った現存在、あの無気味さにおいて不安がっている現存在である。

では良心は何を呼び伝えるのか。すなわち呼ぶことの内容は何であろうか。それについてもハイデッガーは世界内のいかなることについても語るのではないという。いわば語る内容は何もないのであり、良心はただ絶えず沈黙というやり方で語るのである。

責

以上のようにして良心は本来的自己を呼び出す。それはどのようにおこなわれるのであろうか。

良心の呼び声は現存在を「責あるもの」として呼びかけるのである。

責があるとは日常的には、だれかに負債があるとか、だれかに対して罪を犯すとか、何ものかの原因であるといった意味に使われる。これらの使い方から形式的に規定すれば、責あるとは他の現存在における欠如《けつじょ》の根拠であることだとハイデッガーはいう。しかし彼によれば、責の理念は他人とのかかわりから説明される通俗的な解釈から脱して、もっと形式化され、現存在のあり方そのものから把握されなければならない。そして彼は、責の理念には「……でない」という否定の性格が存《そん》しているとして、責があるということの形式的・実存論的な理念を「否定性の根拠であること」ととらえた。

ところで現存在がこのように責あるものだということは、現存在が何か罪を犯すことによって初めて結果することではなく、逆に現存在が責あるものであるからこそ、罪を犯すというようなこともおこりうるのである。すなわちハイデッガーによれば現存在はもともとその本質上責あるものなのである。なぜであろうか。

現存在は実存することによって、自分の存在―可能の根拠である。たしかに現存在はこの根拠を自分で置いたのではない。だから現存在は自分でこの根拠を支配することはできないけれど、しかも実存しつつ根拠であることを引き受けなければならない。このような現存在の存在の性格が現存在が根底から否定性に浸透されていることを物語っている。すなわち現存在は自分の存在の根拠ではないものとして、まさに自分自身の否定性である。これこそ被投性を構成している否定を意味する。しかしさらに現存在は実存するものとして根拠の存在でもある。すなわち現存在は自己の可能性である。しかし一つの可能性を選ぶことによって、現存在はもはや他の可能性ではない。現存在は実存的な企投において常に他の可能性を放棄しているのである。すなわち企投も本質的に否定的である。このように現存在はその本質において否定性に侵されているのである。いいかえれば、現存在はそれ自体本質的に責あるものなのである。

　良心は私たちに呼びかけ、私たちがこのように責あるものだということを理解させる。くわしくいえば、私たち現存在が被投された存在者であることをすら実存しつつ引き受けねばならないことを、そしてまた、私たち現存在が実存の中に取り上げなければならない否定性の根拠であることを理解させる。「ひと」への頽落とは私たちが他人の支配に身をゆだねることによって、自分が否定性の根拠であるという重荷を放棄することであり、良心はまさに責あるものとして私たちを呼ぶことによって、自己喪失から自分自身を取り戻すべきことを私たちに理解せしめるのである。

以上のように良心の呼び声は責あるものとして現存在の最も根源的な存在の可能性を開示する。この本来的な開示性をハイデッガーは「決意性」と呼ぶ。なぜなら呼び声を理解することは一つの決断であり選択であるからである。もっとも、私を越えてくる良心そのものを私たちは選ぶことはできない。選ぶことができるのは良心を持つということだけである。すなわち呼びかけの理解とは「良心を持とうとすること」を意味している。この「良心を持とうとすること」は不安につつまれ沈黙したままおこなわれる私たち自身の責あることへの企投ということになるけれども、これが決意性なのである。

決意性

先駆的決意性

現存在の本来的な可能性として「死への先駆」と「決意性」と二つのあり方が明らかになった。では、この二つの可能性はどのように結びついているのであろうか。

現存在が責あるものだということは、現存在がある時には責があり、ある時にはないといったことではない。現存在は存在する限りいつも責があるのである。そのことを理解した時初めて、私たちは決意性において責を実存的に引き受けることができる。しかしそれが可能なのは、現存在が自分の存在の可能性を「終わりまで」開示する場合のみである。すなわち決意性は死への先駆として初めて真にそれであることになる。決意性は死への先駆として初めて現存在の根源的なあり方になり、逆に先駆もまた決意性の中でいっしょに証言されるのである。このことをハイデッガーは「先駆的決意性」と呼ぶ。

先駆的決意性こそハイデッガーの説く本来性の場である。私たちはそこで初めて真の自分自身たりうるのである。

――時　間　性――

現存在の存在の意味

以上のようにして取り出された現存在の本来的なあり方、先駆的決意性に基づいて、ハイデッガーは現存在の存在（憂慮）の存在論的意味を明らかにしようとする。結論を先取りしていえば、この現存在の存在の意味が「時間性」なのである。だが、いったい、まず「意味」とは何であろうか。

意味とは、それ自身ははっきりと主題的に注目されはしないけれど、それに基づいてあるものがあるがままにその可能性において理解されるものである。理解には企投というあり方がひそんでいるのだから、意味とは企投の根拠といってよいし、また企投されたものを可能ならしめるものだといってもよい。

したがって現存在の存在の意味を問うこととは、現存在の事実的実存を、あるいは憂慮というこの存在構造全体の全体性を可能ならしめているものを問うことである。あるいはまた、次のようにもいえる。私たちは現存在の存在の根源的な解明を志して先駆的決意性にいたったけれど、この解明を導いていた企投を追求し、その根拠を明らかにすることである、と。

さて、先駆的決意性は自分の最も固有な存在の可能性にかかわるあり方であった。ハイデッガーによれば、このことが可能なのは、現存在がその最も固有な可能性において、自己へといたり着くことができるからである。この現象を彼は「到来《とうらい》」と名づけている。

先駆的決意性はまた、現存在を責あるものとして理解するものであった。このことは現存在が、責があることを実存しつつ引き受けることであるけれども、ハイデッガーによれば、この被投性の引き受けは現存在が「常にすでにあったままの仕方で本来的に存在すること」を意味する。この現象は「既在」と名づけられる。現存在は自分自身に帰りくるという仕方で到来することができるのであり、逆に現存在は到来的である限りにおいてのみ既在することができるのである。

先駆的決意性は現存在の本来的・全体的なあり方であるけれども、しかしそのことによって、世界内部の道具的なものを配慮するというあり方が除外されるのではない。むしろ先駆的決意性はそのつどの状況を配慮というあり方によって開示するのである。このように環境世界の内部に現存するものと出会うことは、現存在がこの存在者に「現前すること」によってのみ可能である。

この三つの現象のうち優位を持つのは到来である。既在は到来から出現し、この既在する到来が現前を生ぜしめる。そのようなものとして、これら三者は統一を保っているのであるが、「既在し現前する到来」という統一的現象が時間性にほかならない。

この時間性が現存在の存在の意味であり、先駆的決意性はこれによって可能となる。憂慮の構造の根源的統一も時間性に存している。すなわち——

時間性の性格

「自己に先だつ」は到来に基づき、
「すでに（世界の）の中に」は既在に基づき、
「（存在者の）もとでの存在」は現前において可能である。

したがって、憂慮の諸契機はけっして断片をつなぎ合わせたものではない。そもそも時間性というのは存在者ではない。すなわち時間性は存在するものではない。ハイデッガーにいわせると、時間性は存在するのではなく「時間化する」のである。到来、既在、現前というのは時間化の三つの仕方である。ではこの時間化はどのようにおこなわれているのであろうか。

到来は自己へと到来することであり、既在は自己に帰りくることであり、現前は存在者と出会うものであった。ここであらわになった……へ、……に、……と、という現象は時間性が外へと自己を逃れ出ることを示している。時間性は「脱自」そのものである。到来、既在、現前は「時間性の脱自態」なのである。私たちは実存という言葉がもともと外に立つという意味であり、現存在は自分の外に、世界の中の存在者のもとに出《い》で立つものであったことを思いおこそう。現存在のこの存在性格は、現存在がこのように時間的なものであるからこそ成立していたのである。

時間性の性格としてもう一つ忘れてはならないことがある。現存在は死にかかわる存在であった。したがって、本来的な時間性は有限だということである。

時間性と時間

上述のような時間性が、私たちが通常、時間という言葉で理解しているものとはまったく異なっていることは指摘するまでもないであろう。通常、私たちは時間を過去、現在、未来という形で考えている。あるいは時計によって計れる無際限な持続として考える。あるいは歴史のことを考える人もあるかもしれない。いずれの場合でも時間は無際限な持続であって、私たちはその中に、しかもそのほんの小部分を占めて生きてゆく存在者にすぎない。しかしハイデッガーによれば、私たち現存在の存在が時間的であるのは、このような時間の中に私たちが存在するからではなく、逆に現存在の存在の意味が時間性であり、私たちの存在がもともと時間的なものであるがゆえに、こうした時間の理解も生じてくる。すなわち時間は根源的に時間性の時間化として出てくるのであり、したがってハイデッガーは時間性を「根源的時間」とさえ呼ぶのである。

たとえばハイデッガーは、時間性に本来的な理解と日常的な非本来的な理解とを区別し、過去、現在、未来という通俗的時間は非本来的な時間理解から生じるという。また時間計算は世界内部の存在者にかかわる時間規定として、これも時間性に基づいて解明されてくる。歴史もまた時間性に基づいて説明される。すなわち現存在は誕生と死の間の広がりであるが、この広がりの特別な動きが「現存在の生起」と呼ばれ、この生起から歴史が生まれる。生起の解明が時間性に基づいて果たされなければならないことはいうまでもない。

日常性と時間性

そのほか、第一編でおこなわれてきた現存在の日常性の解明が、すべて時間性の様態として再び取りあげられ、あらためて説明し返されてくる。たとえば、空間を考えてみよう。日常性における空間はいわゆる客観的な空間ではなく、実存範疇として現存在のあり方からとらえ返されていた。したがって今や空間も時間的なものであり、時間性に基づいて成立することとなるわけである。有意義性という世界も同様である。世界はけっして一つの存在者でも、また存在者の総体でもなかった。ハイデッガーは実存範疇としての世界を今や時間性の中で時間化するものとして説明し返すのである。

存在探求への一道程

このようにして時間性を取り出し、それに基づいて現存在のあり方を検討し返して『存在と時間』の既刊部分は終わっている。その最後にハイデッガーは、この『存在と時間』での試みは一つの道程にすぎず、探求はまだ途上にあるのだと述べている。というのも、『存在と時間』の究極目標は存在一般の意味を解《と》き明かすことにあり、現存在解明はそのための道であったのだけれど、その道が唯一の道であるか、あるいは正しい道であるかを決定しうるまでにもまだいたっていないからである。とにかくハイデッガーは自分が切り開いたこの道を歩み、時間性すなわち根源的時間から存在一般の意味へといたる道を探し続けるはずであった。しかし、予定された『存在と時間』の続編はついに刊行されず、存在そのものの真理を解き明かす仕事は、いわゆる「転回」を経た後期の思索に待たなければならなかったのである

二 形而上学

一九二九年の諸著作

出版された『存在と時間』は、まだ完成されない上巻だけであったけれど、哲学界で圧倒的な成功をおさめた。その後ハイデッガーは下巻を未刊のまま、一九二九年『カントと形而上学の問題』と題する著作と二編の論文を発表した。これらの著作は基本的には基礎存在論の立場に立ちながらも、自分の立場を「現存在の形而上学」と規定し、『存在と時間』では問いの究極的な対象とされながら主題的には問題にされなかった、あの存在そのものに問い出ようとして一歩進んだ立場に立つものである。

『カントと形而上学の問題』とは、表題どおりにカント哲学（その『純粋理性批判』）の解釈書であり、この哲学をあらゆる形而上学を可能にし基礎づける現存在の形而上学、すなわち基礎存在論だと規定する、いたって独創的な解釈書であるけれども、ここでは小品ながらハイデッガーの理解に重要な二つの論文の方をみることにしよう。

『根拠の本質について』

この論文は本来、フッサールへの祝賀出版物に載せるために書かれ、同時に独立して印刷出版された五十ページあまりの小論であり、後に述べる『形而上学とは何か』と姉妹作品をなしているものである。

さて昔から根拠律ないしは理由律と呼ばれている哲学上の原理がある。簡単にいえば「何ものも根拠なしには存在しない」という原理であり、肯定的な形にいいかえれば「すべて存在するものは根拠を持つ」ということになる。この原理はたしかに存在者を越え出た根拠というものについていっているけれども、何が根拠の本質を構成しているのかということについては何も定めていない。それゆえ、根拠の本質を洞察することがこの論文の課題となるのだけれども、ハイデッガーによれば、根拠の問題は真理の問題と近接しているのであって、私たちは真理の本質を問うことによって、根拠の本質をも明らかにすることができるのである。

イマヌエル＝カント

存在論的差異

普通、真理は表現上のことがらとして、主語と述語の結合の中にあるものだと考えられている。しかしハイデッガーによれば、表現の真理がありうるのは、表現の真理はそれに基づくのである。すなわち表現の真理が成り立つのは、存在者が表現以前に明らかになっているからである。ハイデッガーはこの真理を「存在的真理」と呼ぶ。存在的真理には二種類あって、事物的な存在者の被発見性と現存在の開示性である。この二つの真理については、私たちはすでに『存在と時間』の中でみてきた。そこでは現存在の開示性が最も根源的な真理とされていたのである。だがここでは、現存在の開示性は存在的真理の中に組み入れられ、この真理を越えて、さらにより根源的な真理があると主張されるのである。

ハイデッガーによれば、存在者の顕示性というこの存在的真理は存在者の存在の理解によってあらかじめ照らし出され導かれていなければならない。すなわち、存在の露呈が初めて存在者の顕示を可能にするのであって、ハイデッガーはこの存在の真理を「存在論的真理」と呼ぶのである。くり返していえば、存在的真理は存在している存在者に該当するものであり、存在論的真理は存在者の存在に当てはまるものである。この二つの真理が区別されるのは結局存在と存在者が異なるからであり、この存在と存在者の区別をハイデッガーは「存在論的差異」という。二つの真理はこの存在論的差異に基づいて、異なりつつも互いにかかわり合い、互いに属し合っているのである。存在と存在者が異なるという考えは、すでに『存在と時間』の中にみられた。しかし、今この考えは存在論的差異という、はっきりした名称を与えられ、この後のハイデッガーの思索を導き、その基幹をなす重要な概念となってゆくのである。

超越

ところで、私たち現存在で特筆すべきことは、現存在が存在を理解することによって存在者とかかわっているということであり、それゆえ存在と存在者を区別することができるということは現存在の本質の奥深いところに根ざしているに違いない。こう主張したハイデッガーは存在論的差異の根拠を、現存在の「超越」と呼ぶものに求める。したがって根拠の本質が真理の本質と内的なかかわりを持つ限り、根拠の問題も超越に根ざしていることになる。こうして根拠の本質への問いは超越への問いとなるのである。

超越とは現存在が存在者を踏み越えて、世界へと出てゆくことである。それゆえ超越とは世界—内—存在ということにほかならないことになる。『存在と時間』では、世界はまず環境世界としてとらえられたけれど、ハイデッガーがこの論文でいうところによれば、それは世界という現象を最初に明らかにする手がかりとして優れていたためであって、けっして世界を道具の存在的連関と同一視してはならないのである。世界とは、けっして存在者の総体ではなく、存在者の存在の状態なのであり、それが先行的に存在者を全体において規定している。現存在は存在者の全体を知ることはできないけれども、存在者がそこでそれによって規定されて、その存在者として現われてくるところの全体性は理解しているのであり、この全体性をあらかじめ理解することが世界へと越え出ることなのである。世界はこのように現存在によって現存在にもたらされるが、それは現存在の根源的な企投にほかならない。現存在はいつも世界を存在者を越えて投げるのであり、この先行的な越え投げが初めて存在者の顕示を可能ならしめる。

この企投の越え投げの生起が世界—内—存在ということなのである。

さて、では超越はいかにして根拠なのだろうか。ハイデッガーは超越が根拠づける働きとして設立、地盤―獲得、基礎づけという三種類を区別する。

根拠

設立とは世界の企投によって世界が形成されることである。しかしこの世界企投としての超越には企投する現存在が、越え出られる存在者によって気分づけられ支配し尽くされるということが属している。すなわち、超越において現存在は存在者の中に取り込められ、そのことによって地盤を獲得するのである。この二つの働きにおいて存在者の顕示、すなわち存在的真理が可能になるのである。『存在と時間』の分析に対応させれば、設立と地盤―獲得はそれぞれ実存と事実性の契機に相当するといってよい。しかしハイデッガーは、この論文ではさらに第三に基礎づけという根拠づけの働きをあげるのである。

基礎づけとは、ハイデッガーによれば、なぜという問いを可能ならしめるものである。この問いの根源的な形は「なぜ、一般に何かが存在し、または、存在しないのではないのか？」という問いであるけれども、世界企投において存在者に気分的にとらわれている現存在は必然的に「なぜ？」とこのような問いを発する。しかし、このなぜという問いにはすでに、何であるか、どのようにあるかというようなことについての理解、一般的にいえば、存在と非存在（無）についての理解が、概念化されてはいないけれども存している。この存在理解がなぜという問いを初めて可能にするのである。そのことはこの存在理解があらゆる問いに対する第一の解答、究極的・根本的な解答を含んでいることを意味し、このような解答として存在理解こそ第一の基礎づけ、究極的な基礎づけを与えるものなのである。超越とは存在理解として基礎づけなのである。しかもこの超越の基礎づけは、そこで存在が露呈されるのであるから、まさに、かの存在論的真理だということになる。かくして根拠の本質は、超越において出現した世界企投、存在の中にとらわれてあること及び存在者の基礎づけという、根拠づけの三つの拡散であるとされるのである。

さらにハイデッガーは超越とは自由であるという。すなわち根拠の根源は自由である。しかし自由は根拠として、もはや自分の根拠は持っていない。自由は現存在の深淵（ドイツ語では Ab-grund といい、根拠が脱落しているという意味を持つ）としてすべての根拠の根拠なのである。

『存在と時間』との関係

以上のようにこの論文は、根拠の本質を超越（すなわち世界—内—存在）に求めている。その点では『存在と時間』から一貫して基礎存在論の立場に立っているといってよい。しかし、それにもかかわらず、『存在と時間』からみた時、ハイデッガーの思索に一つの前進がうかがわれる。それは現存在の開示性が存在的真理とされ、存在論的真理と区別されていること、それに応じて基礎づけが究極的根拠づけとされて世界企投や地盤—獲得と区別されていることに、はっきりと現われている。

存在論的真理及び基礎づけとは結局「存在理解」のことであった。『存在と時間』もこの存在理解を可能ならしめている諸機能を探って現存在のあり方を分析する試みであったということができる。そして少なくとも既刊の『存在と時間』が見いだした根拠は現存在の開示性であったのである。しかし、今や存在理解は現存在の開示性を越え出るものとしてとらえられた。したがって存在の探求も、もはや現存在の分析という

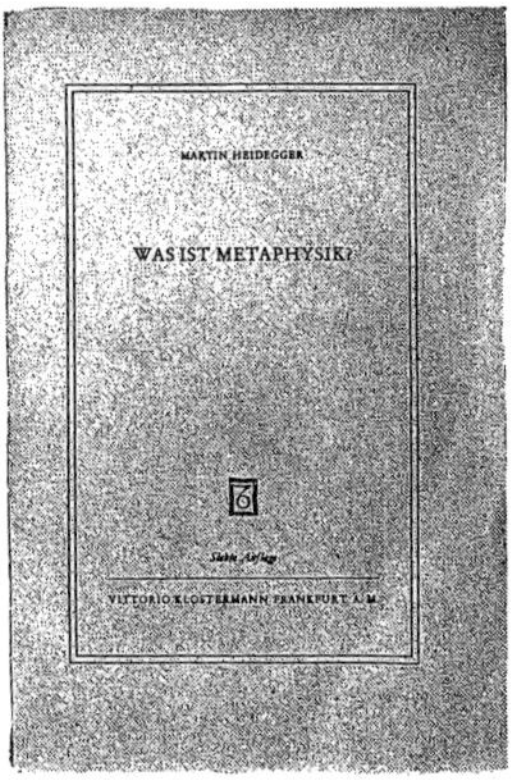

『形而上学とは何か』

方法をもっては果たしえないということが、この論文ではっきり示されているのである。その意味でこの論文はハイデッガーの哲学の後期の思索への変化を暗示しているということができる。

『形而上学とは何か』

『形而上学とは何か』は一九二九年七月二十四日フライブルク大学でおこなわれた講演を刊行したものである。本文は二十ページに満たぬ小品だけれども、後《のち》一九四三年の第四版でハイデッガーは九ページの後書きを加え、さらに一九四九年第五版で十七ページの序文を書き加えた。したがって私たちはこの著作で、前期の立場から後期の存在の哲学へハイデッガーの思索の深化をたどることができるのだけれども、ここでは本文を中心にこの論文をみることにしよう。

ハイデッガーによれば、この講演の目的は形而上学について語ることではなく、ある一定の形而上学的問いを解明し、そのことによって直接形而上学の中に入り込むことにある。ところで形而上学の問いはどんな問いでも形而上学の問題領域の全体を包み、また問う者自身の本質的状況から立てられるという二重の性格を持っている。それゆえハイデッガーはこの講演においては諸科学という状況から出発する。というのはこの講演の聴衆は教師や学生たちであり、ハイデッガーも含めて皆科学によって規定されているからである。

さて科学の領域はさまざまである。しかしどの科学でも私たちはそれぞれの目的に従って存在者にかかわっている。このことをハイデッガーは世界関係と名づけている。この世界関係は人間実存の自由な態度によって担われているし、また科学をおこなうことによって人間は存在者の全体の中に侵入し、この侵入において存在者は存在者として開き出るのである。

無への問い

以上のように、世界関係がかかわるものは存在者そのものであり、それ以外の何ものでもない。また実存が導かれるのは存在者そのものによってであり、それ以上の何ものでもない。また侵入において研究されるのは存在者そのものであり、それを越える何ものでもない。では「何ものでもない」というこの「無」はどのようにあるのであろうか。

科学は無を知ろうとしないし、また無は論理学でもとらえられない。無は不安という気分の中で経験されるのである。不安は存在者全体を滑り去らせ、私たちは何の支《ささ》えもない動揺の中で無を経験するのである。

しかし無の経験とは、無が存在者全体と離れて独立した対象として把握されるということではない。むしろ不安において無は存在者全体と一体となって生じるのであって、無が現われるということは存在者が消失してしまうことでもない。『存在と時間』で、不安の経験によって有意義性が崩壊し、世界そのものがあらわになるといわれていたことを思い返してほしい。つまり不安においては私たちの日常世界を構築し、私たちを存在者のもとに縛《しば》りつけていた諸関係が崩壊するのであり、したがって存在者はむしろ存在者そのものとして、その全体においてあらわになるのである。無のこの機能、すなわち無が存在者全体を滑り去らせながら指示するということこそ、ハイデッガーは無の本質をなすものだといい、これを「無の無化」と名づけた。そしてこの無の無化による存在者そのものの露呈について次のようにいっている。

「不安の無の明るい夜において初めて存在者そのものの根源的な開きが生じる、すなわちそれは存在者であり――そして無ではない、ということが。」

このようにしてハイデッガーによれば、無は現存在を初めて存在者そのものの前にもたらすのであり、むしろ現存在とはそもそも「無の中に保ちこまれていること」をいうにほかならない。無の中に保ちこまれていることとして現存在はいつもすでに存在者全体を越え出ているのである。すなわちここでは超越が無の中に保ちこまれていることとして規定されるわけである。したがって私たち現存在が無の占有者として無の中に保ちこまれているがゆえに、私たちは存在者とかかわったり自分自身とかかわったりすることができるということになる。かくしてハイデッガーは、無への問いに対し次のように答える。「無は人間現存在に対する存在者そのものの開示を可能にするものである。無は存在者の対立概念を最初に与えるのではなく、根源的に存在そのものに属している。存在者の存在において無の無化が生起するのである」

無への問いと形而上学

さて無への問いは形而上学を私たちにもたらすはずであった。では一体形而上学という言葉は何を意味するのであろうか。形而上学とはギリシア語の meta-physica という言葉に由来する。ハイデッガーは、この語は後には存在者を「越えて(meta)」進みゆく問いを意味するようになったという。すなわち「形而上学とは存在者を越えゆく問い」であり、これは無への問いの中で生じる。したがって、無への問いはまさしく形而上学の問いなのである。

ところで現存在とは超越であり、無の中に保ちこまれていることであった。つまり存在者を越えゆくことは現存在の本質において生じることであり、この越えゆくことが形而上学そのものにほかならない。形而上学とは学校で教える哲学という学問のなかの一部門ではなく、現存在での根本生起なのである。形而上学は現存在そのものである。それゆえハイデッガーは、われわれは次のような形而上学の根本的問いを問わねばならぬとして、この講演を結んでいる。

「なぜ一般に存在者は存在し、むしろ無ではないのか?」

存在の思索へ

この講演は無を問題にし、人間を無の占有者と規定するものである。けれどもそのことによっただけでハイデッガーをニヒリストと断定するのは早計であろう。彼は『根拠の本質について』の第三版(一九四九年)に付した序文の中で、『形而上学とは何か』は無を、『根拠の本質について』は存在論的差異を考察したのだと述べた後で次のように語っている。無とは存在者ではないというその「ない」であり、したがって存在者の側から経験された存在のことであり、存在論的差異とは存在者と存在の間の「ない」であって、両者は結局同じものである、と。すなわち両論文ともハイデッガーがとらえようとしたのは存在なのである。すでに本文の中でも私たちは無の無化が存在者の存在で生ずること、また不安の中で存在者の根源的な開示が生ずるとして「それは存在者である——そして無ではない」といわれているのをみた。ここで語られている経験は、存在者が存在するという重みの経験である。日常私たちはこの重みを経験しない。なぜなら日常生活では、存在者は道具として私たちの意のままになるからである。この重みが真に経験されるためには、日常的な世界関係が崩壊しなければならない。無の経験はまさしく存在の経験なのである。それゆえ後に書き加えられた『形而上学とは何か』の後書きでは、ハイデッガーは、はっきりと「この無は存在として存在する」とか「無は存在のベールである」とか断言している。

さらに、この講演ではもう一つ注目に値することがらがある。というのは、ここで語られている形而上学がもはや『存在と時間』におけるような実存論的分析ではなく、自ら実存的に不安のただ中に立ちいで、無を経験するそのことを意味することである。『存在と時間』でも存在の意味を明らかにすべき次元が先駆的決意性として解明されていた。しかしその際、ハイデッガー自身は一歩退いてあくまでこの事態を実存論的に分析することにとどまっていたのである。しかし、今やハイデッガーは、その本来性の次元そのものに実存的に立ちいでる姿勢をとっている。ここには後期思想への転換が明らかに予告されているのである。

だが『形而上学とは何か』はまだ後期の存在の立場に達してはいない。なぜなら、ここで解き明かされたのは、現存在が存在の真理へと向かう態度そのものであり、現存在から存在へと向かう姿勢は崩されていないからである。だが今や私たちはハイデッガーの思索が転換すべき曲り角にあることを十分知ることはできる。

三　存在の思索

1　転回および後期の思想の特徴

『ヒューマニズムについて』　すでに述べたように『形而上学とは何か』以後、ハイデッガーの哲学は著しく変化した。そのことは一九三〇年代の長い沈黙からもうかがわれよう。この変化をハイデッガー自身が一九四六年の『ヒューマニズムについて』という論文の中で、「転回」と名づけて論じているところから、普通、転回と呼ばれていることもすでに述べた。

『ヒューマニズムについて』はもともとジャン＝ボーフレというフランス人の質問に答えて書かれた手紙である。ボーフレは「どのようにしたらヒューマニズムという言葉に意味を回復することができるか？」と問うている。ハイデッガーはそれに答えて、人間の本質は存在の真理から由来するのである。人間の本質は実存に存する。現―存在の「現」とは存在の明るみ（存在の真理）のことであり、実存とは存在の明るみの中に立つことなのだという。人間の業《わざ》のいっさいは存在の運命によって規定されているのだという。それゆえに人間性を確保しようとする試みは、存在の真理へ向かわなければならない。それに対して、いわゆるヒューマニズムとは、この方向に逆行するものである。ハイデッガーによれば、人間性《フマニタス》ということがはっきりその名で考えられ追求されだしたのは、ローマ共和制時代からである。以来人間性はいろいろに考えられ、さまざまなヒューマニズムが唱えられてきた。しかしいずれの場合でも、ヒューマニズムにとって、第一の問題は、人間が植物、動物、あるいは神とどのような点で区別される生物かということであり、結局人間は動物性から考えられてきたにすぎない。人間性は単なる存在者の次元において規定されてきたにすぎない。すなわちヒューマニズムは、もはや存在と存在者の差異を思索せず、存在者にとらわれて存在の真理を問うことのない伝統的形而上学によって唱えられてきたのである。すなわち、ヒューマニズムとは、このような存在を忘却した伝統的な形而上学によって規定された人間中心主義、すなわち主観主義にほかならない。それゆえ私たちはまさにヒューマニズムを越え出なければならないのである。ハイデッガーはこのように語っている。『ヒューマニズムについて』という表題の中の「ついて（über）」というドイツ語の前置詞は「越えて」という意味も持っている。この表題にハイデッガーは明らかに「ヒューマニズムを越えて」という意味を持たせているのである。

転　回

ところでこの手紙の中でハイデッガーが『存在と時間』の未完の部分に触れて転回を語っていることはすでに第一編で述べた。ここではそれをくり返さず、転回とはどのような事態なのか考えてみよう。

第一に、前期の哲学が存在者、特に現存在を介して存在をとらえようとするのに対して、後期の哲学では存在の真理が直接に語り出され、そこから逆に存在者が規定されてくるのである。たとえば『ヒューマニズムについて』の中でハイデッガーは現存在のあり方を存在の真理から新しく規定し返している。実存とは存在の明るみに立つことであったけれども、さらに企投についても投げるのは人間ではなく、人間を実存へと贈与する存在自身だとされてくる。また「どこからどこへ」が不明であった被投性も現存在を世界の中に投げこむのは存在だとされ、頽落さえ存在から人間に向かう関係なのだとされる。前期の存在者から存在へという方向に対して、後期の存在から存在者へという転換こそ何よりも第一に転回の内容をなすものである。

第二に、転回がヨーロッパの哲学からの転回をも意味していることが忘れられてはならない。ハイデッガーによれば、ヨーロッパの形而上学の歴史は存在を忘却した主観主義の歴史であり、その存在忘却はすでに哲学発生の当初から始まっているのである。ハイデッガーは主観主義を捨て去りヨーロッパの思索の伝統から転回して存在の思索へ向かうことを説くのである。この意味からいえば、主観主義の克服はすでに『存在と時間』から意図されてきたことであり、転回はもはやハイデッガー哲学内部でのことがらではなくなる。しかし彼の後期の思索が特にヨーロッパの精神史に対する洞察によって深められていったことは疑いえないことであり、後期では古代ギリシアのアナクシマンドロスに始まって哲学史上に名を残す有名な哲学者たちの思索に対する独自な見解と批判が次々と発表されているのである。

ついでにいっておけば、ハイデッガーが一九二九年代の自分の哲学に与えた形而上学という名称は、後期の哲学の中では捨てられてしまう。それは自分の思索を主観主義的な伝統的形而上学の末端に位置づけられることを拒否しようとするがゆえにであろう。そこからの転回を説くハイデッガーは形而上学という名称を克服すべきものとして、単に伝統的な形而上学にのみ使用するようになるのである。

第三に、基礎存在論の実存論的—存在論的分析から、実存的経験の場への転回が指摘されなければならない。実存論的な分析は経験の場での実存的理解に理論的な透視を与え、それを可能にしている存在論的な構造をつかみ出そうとするものであった。しかし、そのような方法によっては存在の真理をとらええないことが明らかになった今、ハイデッガーは再び実存的経験の場へと立ち戻ったのである。

では このように実存的な経験の場から存在の真理を直接語り出すハイデッガーの後期の哲学はどのような特徴を持つようになったのだろうか。

後期の思想の特徴

第一に表現がいたって詩的・文学的になったことがあげられる。ハイデッガーはヘルダーリンやリルケを始めいろいろな詩人たちの詩を手がかりに思索を展開しているし、それればかりでなく彼の論文や表現そのものがいたって詩的になってゆくのである。たとえば『思索の経験から』と題された二十数ページの小編がある。この本はそれぞれの左ページには二〜三行の標題のような自然の情景が描かれ、右ページには段落ごとに行間をあけて一〜二行ずつの簡潔で謎《なぞ》めいた文章が並び、韻律《いんりつ》はともかくとして詩のような体裁をとっているのである。

これも理由のないことではない。ハイデッガーによれば、言葉は本質的な意味で詩作であり、思索そのものが詩作的であるからである。『ヒューマニズムについて』の最後のところで、ハイデッガーは「将来の思索はもはや哲学ではない」と語っている。存在に向かう思索は形而上学より根源的であり、もはや従来の哲学的な概念や方法では果たされえないからである。そしてハイデッガーは詩作的な思索にその将来の思索を見いだしたのであろう。

しかし詩的な表現は美しくはあっても、謎《なぞ》めき難解であることをまぬがれない。ハイデッガーの後期の哲学はそれゆえ「存在神秘説」という名さえたてまつられている。

第二に言葉の特異な扱い方が指摘されなければならない。言葉を大切にし厳密な使い方をすることはすでに前期の哲学にみられることである。しかし後期ではその傾向が極端に進み、ハイデッガーは言葉の原義にさかのぼったり、語源をたずねたり、また一つの言葉にいろいろな接頭語を付加して微妙な意味転換をはかったりして、通常のドイツ語を越えた独特な言葉の使い方をするのである。それはあたかも前期の分析的・理論的な方法を破棄したハイデッガーが、言葉それ自身の転換を追うことを一つの方法としているかのようである。こうしたハイデッガーの言葉のあやつり方は、ある人々からは「言葉の遊び」として非難されている。しかしハイデッガーは勝手に言葉をもてあそんでいるわけではない。ハイデッガーにとって言葉はけっして人間の意思伝達の道具ではない。言葉は存在の生起を形造るものなのである。ハイデッガーの有名な言い方によれば、「言葉は存在の家である」のである。それゆえ言葉それ自身の本質的な展開をたどることはハイデッガーにとって必然的なことであったのであろう。

第三にハイデッガーの思索が古代ギリシアの哲学、ことにプラトンやアリストテレス以前の発生期の哲学に思いをひそめ、それに根づいていることをあげておこう。もちろんそれらの哲学はハイデッガー独特な解釈がほどこされている。しかしいずれにしても、彼が古代ギリシアの哲人たちとの思索的な交流の中で自分の思索を深めていったことは疑いえない。たとえば一九五三年に出版された『形而上学入門』は、一九三五年におこなわれたフライブルク大学での講義を基にしたものだけれども、古代ギリシア人たちの存在の思索を生成や仮象や思索や当為《とうい》との関係において考察したものである。その他、ギリシア哲学についての論文がいくつかあるのみならず、それへの言及は随所に現われる。それればかりではない。上述したハイデッガー独特の言葉の使い方や、言葉についての考え方は、その背後にギリシアの言葉を担っているといえる。ハイデッガーによればギリシアの言葉は、現在私たちが使用しているような概念化された単なる伝達の道具としての言葉ではない。「ギリシアの言葉は、そして、それのみがロゴスである」と彼はいう。ロゴスとはギリシア語で言葉という意味であるが、さらに理法とか理性という意味もある。そのうえ彼にいわせると、ロゴスは存在を意味しているのである。すなわち言葉が「存在の家」でありえたのは古代ギリシアの言葉だけだったと彼は考えているのであろう。

今後の叙述の仕方

今まで私たちは、ハイデッガーの哲学を年代順に個々の著作にそくして理解してきた。しかし後期の思想をまとめるためにはそのやり方は使えない。というのは後期では小論文が数多く出版されているし、またそれぞれたいせつなものであるからである。しかもそれにもかかわらず、体系的に整えられた著作はないのである。上述したようにそれらの多くは詩的で簡潔な表現の中に思想が凝縮されているのである。それゆえ、私たちは後期の思想全般をほぼ『存在と時間』にならって、世界、人間、歴史とに整理してみてゆくことにしたい。

2 存在と世界

存在と存在者

存在と存在者は異なっており、存在はいかなる存在者でもないこと、すなわち存在論的差異がハイデッガーの存在の思索の基幹となっていることはすでに述べた。しかしそうかといって、存在と存在者はまったく切り離された無関係なものでもない。私たちは両者の関係をまず知ることにしよう。

存在と存在者はハイデッガーによれば、もともと単純な一つのものであり、ただそれが世界へと現われ出る時、存在者の存在と存在する存在者という二重性として現われ出るのである。この二重性をハイデッガーはオンあるいはエオンというギリシア語に託して語っている。オンあるいはエオンというのは、存在するという意味のギリシア語の分詞である。その言葉は分詞として、存在するという動詞的意味と存在者という名詞的意味を持っている。すなわちオンには存在と存在者の区別が隠されているのである。しかもオンは名詞としては単数形であって、すべての数に先だつ統一原理である単一な一者をも意味しているのである。したがって、存在と存在者の区別を、あたかも両者が空間的に断ち切られて、互いに別個になっていると考えてはならない。両者は単一な存在の二重の現われであり、存在そのものがまさに区別として、存在と存在者の差異として現われ出るのである。そのことをはっきりさせるためにハイデッガーはある論文では、存在者の存在を表現するのに Sein という語を使い、存在と存在者の区別としての存在に Seyn という古語をあてて、表現したりもしているのである。

定め　では、この二重性への現われはどのようにしておこなわれるのであろうか。『同一性と差異』という著作の中では次のように説かれている。

存在者の存在とは、存在者を存在させる存在のことをいう。通常、自動詞で存在するとして使われる言葉が、ここでは「存在させる」と他動詞的・移行的にいわれるのである。すなわち存在が存在者へ移行し、存在者として現われ出るのである。ただし移行といっても、存在がその場所を離れて存在者のもとに移るのではない。そうとすれば存在者はそれ以前に存在なしにあったというおかしなことになってしまう。そうではなく、存在は自分を隠しているものを取り去り現われながら出てくるのであるが、そのことによって存在者が非隠匿的《ひいんとくてき》なものとして到着することになる。到着とは存在が非隠匿性の中へと自分を蔵することであり、それが存在者が存在するということである。このように存在が顕現するのは、あくまで存在者という姿であるから、その時、同時に存在それ自身はかえって、存在者の背後に自分を秘め隠してしまう。存在はいつも自分を退けることによって自分を送ってくるのである。存在の移行と存在者の到着には、このように自分を顕現し、そして同時に隠すという存在の働きがひそんでいる。この働きをハイデッガーは「定め」と呼ぶが、存在と存在者を区別するのはこの定めであり、存在は定めとして世界を支配するのである。

存在の真理

この定めということが、どのような事態を述べているかすでにおわかりであろう。ハイデッガーにおいて真理とは、ギリシア語のアレーティアという言葉の原義をとらえた非隠匿性のことであり、したがって非真理とは隠匿性であることは以前に述べた。存在が顕現するというのはまさにアレーティアとして存在の真理を意味する。その真理において存在者もまた非隠匿的なものとして現われるのである。ところがこの存在の顕現は常に存在者の陰に自分を隠すことにおいて成立する。存在の真理はこのように隠匿としての非真理を秘めているものであり、いわば顕現と隠匿の戦いの中にこそ現出するものなのである。

ところでハイデッガーは存在の真理を「存在の明るみ」とも呼んでいる。存在は顕現し隠匿しつつ明るくする。存在は明るくするものなのである。ただし、このいい方には注意しなければならない。明るくなるのは光がつけられるからだけれども、この場合、光とそれをつけるものとが別なものではないからである。存在はこの光であり明るみそのものである。存在は自分という光をつけ、自分を明るくしつつ非隠匿性の中にいたり着くのである。したがってまた、存在と存在の真理とは、けっして別々なものではない。存在が真理であり、アレーティアとして自らを顕現するのである。

さて、存在者は存在者として、この存在の光の中で現われてくる。存在は自分を明るくしつつその明るみの中でいっさいの存在者を生起させるのである。このように、そこで、そこからいっさいの存在者が生起してくる場は前期のハイデッガーの哲学を想《おも》いおこすまでもなく、世界といってよい。「《世界》とは存在の明るみである」あるいは「《世界》とは……存在の開けを意味する」とハイデッガーは語っている。

プュシス（自然）　ここで私たちは古代ギリシア人が、しかもプラトン、アリストテレス以前のギリシア人が存在を名ざした基本語の一つとして、ハイデッガーがしばしば取りあげている「プュシス」についてみてみよう。

プュシスという言葉は通常、自然と訳されている。しかしプュシスという語によって現在私たちが理解している自然、すなわち人為的なものと対立し、機械的に因果法則に従って生起する自然現象としての自然を考えるなら間違いである。ギリシア人はプュシスという語によっていわゆる自然物ばかりでなく、人間や人間の歴史や神々や、簡単にいえば存在者全体をとらえていたのである。ハイデッガーによれば、プュシスとは「それ自身から現われるもの」「自分を開く展開」を、さらに「このような展開において現象の中に踏みこみ、そこに自分を保持しとどまること」を意味し、結局簡単にいえば「現われとどまる支配」を意味するとされる。すなわち、プュシスとは隠匿から自分を取り出し、非隠匿性の明るみの中にいっさいの存在者として現われ、そのようなものとして、自分を展開し、保持するとともに、そのいっさいの存在者をとりまとめ統帥《とうすい》し、支配することである。すなわちプュシスとは存在を、定めを、アレーティアを意味するのであり、存在の明るみとしての世界とはこのようなプュシスのことにほかならないのである。

四つなるもの

『存在と時間』では、世界は環境世界としてではあったけれど有意義性という構造のもとで、その内容がとらえられていた。ではこの存在の明るみとしての世界には何らかの内容が与えられてはいないだろうか。ハイデッガーが存在を詩的に美しく語り出している「四つなるもの」の思想がそれに当てはまる。

この四つなるものは、一九五四年の『講演論文集』の中で打ち出され、翌々年の『存在問題によせて』という論文の中には~~Sein~~という形で、つまり存在という語に×印をつけて表わされているものである。×印は普通何かの語を抹消する時に使われるし、この場合も一方では存在についてつい伝統的主観主義的に考えてしまう私たちの悪しき習慣を抹消するために使われたものでもある。しかし、他方それはむしろ積極的に四つなるものの四つの方位とその交錯《こうさく》あるいは集収を意味するとされるのである。

四つなるものとは、「天」と「地」と「神々《こうごう》しいもの」と「死すべきもの」との四者が、根源的な統一から互いに属し合い、単一なものへと合一した、その単一性をいう。天とは太陽の運行、月の満ち欠け、さま

Wie das ~~Sein~~, so müßte auch das Nichts geschrieben und d. h. gedacht werden. Darin liegt: zum Nichts gehört, nicht als Zugabe nur, das gedenkende Menschenwesen. Wenn daher im Nihilismus das Nichts auf eine besondere Weise zur Herrschaft gelangt, dann ist der Mensch nicht nur vom Nihilismus betroffen, sondern wesenhaft an ihm beteiligt. Dann steht aber auch der ganze menschliche »Bestand« nicht irgendwo diesseits der Linie, um sie zu überqueren und jenseits ihrer sich beim Sein anzusiedeln. Das Menschenwesen gehört selber zum Wesen des Nihilismus und somit zur Phase seiner Vollendung. Der Mensch macht als jenes in das ~~Sein~~ gebrauchte Wesen die Zone des ~~Seins~~ und d. h. zugleich des Nichts mit aus. Der Mensch steht nicht nur *in* der kritischen Zone der Linie. Er *ist* selbst, aber nicht er für sich und vollends nicht durch sich allein, diese Zone und somit die Linie. In keinem Falle ist die Linie, als Zeichen der Zone des vollendeten Nihilismus gedacht, solches, was wie ein Überschreitbares vor dem Menschen liegt. Dann fällt aber auch die Möglichkeit eines trans lineam und ihres Überquerens dahin.

『存在問題によせて』

よいゆく星のきらめき、歳月の変転、白昼の明るみや夜の暗さ、天候の良し悪しなどのことである。地とは花咲き実るもの、岩や水、植物や動物のことである。神々しいものとは神のことである。そして死すべきものとは人間のことである。死ぬとは死を死としてなしあたうことであり、これは地の上、天の下、神々しいものの前にとどまる人間のみがなしうることなのである。

私たちはこれら四者のどれか一つについていう時、いつもすでに他の三者のことをともに考えている。というのも四者は単一性からして互いに結び合い属し合い、それらおのおのはそれぞれの仕方で残りの三者を反映しているからである。そしてまたこの反映において四者それぞれは自分自身を反映し返し、自分の固有性を獲得するのである。この反映をハイデッガーはまた「戯《たわむ》れ」とも呼ぶ。互いに反映し戯れ合うことによって四者のそれぞれは明るくされ、生起する。この「四者の単一性の生起する反映の戯れ」をハイデッガーは世界と呼ぶのである。

物

以上のように四つなるものの思想では、世界、したがって存在の真理は天と地と神々しいものと死すべきものが、単一なものへと結び合い互いに反映し合い戯れ合いつつ生起することとして述べられている。では存在者はどのように考えられているであろうか。ハイデッガーは四つなるものを説く時、存在者を「物」という言葉で取りあげている。物とはドイツ語で Ding というが、その古語 thing は「収集」を意味するという。物はそれぞれの仕方で四つなるものを収集し、単一性の中にとどめらしめるのである。

橋を例にとってみよう。橋は軽やかに力強く、流れの上にかかっている。橋は単に両岸を結びつけるだけでなく、流れを渡るものとして実は岸を初めて岸として浮かび上がらせるのである。また橋は岸とともにまわりの岸辺の風景を流れのもとに引きよせる。すなわち橋は「地」を風景として流れのまわりに収集するのである。橋はまたその下に水の流れを通している。穏やかな日は水は静かに流れる。嵐や雪どけの時には荒れ狂う大波をかぶる。橋は「天」の気象やその変わりやすい本性に備えているのである。橋はまた流れに道をかけ、「死すべきもの」に道を与えてくれる。さらに橋は、死すべき者がいつも日常の不幸を乗り越えて「神しいもの」の癒《いや》しの前にいたるべく最後の橋への途上にあることを気づかせてくれる。このようにして橋は四つなるものを収集しているのである。

もう一つ、壺《つぼ》を例にとってみよう。壺の壺としての本質は中に入れた水やブドー酒を注ぐことにある。水にはそれを汲み出した泉が宿っているし、泉には岩が宿っている。岩には「天」の雨や露を受けた「地」のまどろみが宿っているのである。泉の水には天と地の結婚が宿っているのである。またブドー酒はブドーの実から採れたものであるが、そのブドーは「地」の栄養と「天」の太陽が結ばれてなったものである。そしてこれらは「死すべきもの」の飲物であり、不死なる「神々」に献じられる飲物である。注ぐという壺の本質には四つなるものが宿っているのである。

このように物は収集するのだけれども、しかしそのことで物がまず自立しており、それから四つなるものを集めてくると解してはならない。橋や壺《つぼ》でありうるのは、それぞれの仕方で四つなるものを収集するからであって、収集によって物は成り立つのである。存在とは存在者を存在させるのであったけれども、ハイデッガーは『哲学とは何か』という本の中でこの他動詞の「存在させる」は「収集する」と同じことをいってるのだと語り、「存在は、それが存在者を存在させるところに、存在者を収集するのである」と述べている。収集するのは結局存在であり、物はまさに世界の反映する「戯れ」の中から生起するのである。

根拠

ところで、この四つなるものの反映の戯れという「戯れ」とはどのようなことをいうのであろうか。それは単なる詩的・文学的な修辞にすぎないのだろうか。私たちは最後にそのことを根拠の問題に関して調べてみよう。

ハイデッガーは一九五七年に、以前の『根拠の本質について』にはあやまりがあったといい『根拠律』という著作を出した。根拠律とは「何ものも根拠なしには存在しない」というあの原理のことである。この原理は十七世紀の哲学者ライプニッツによって定式化されたのだが、ライプニッツは根拠律のことを正確には

ライプニッツ

「十分な理由を与え返す原理」と呼んでいた。理由を与え返すとはハイデッガーによれば主観の対象認識の際の問題なのである。主観は自分が出会うものを眼前に立てて対象化し、そしてその対象の理由あるいは根拠を自分に与え返すのである。さらに、この原理は認識の場合にとどまらず、いっさいの存在者にあてはまる原理に拡大された。すなわちここでは根拠律はあくまで存在者についての命題であり、主観がいっさいの存在者を対象化し、その根拠を主観に与え返すことを要求するものなのである。このようにライプニッツによって解された根拠律こそ近代主観主義の原理となっているものであり、その後、現代にいたるまでの形而上学を支配してきたもの、現代の原子力時代もそれに基づいて成立したものだとハイデッガーは主張する。

ハイデッガーがこのような根拠律の解釈を否定することはいうまでもない。彼はアンゲルス＝シレジウスの詩を手がかりに根拠は存在であり、根拠律は存在者についての命題ではなく「存在の発語」であることを主張し、私たちがライプニッツ的解釈から離れて存在の命題としての根拠律へ飛躍することを説くのである。

シレジウスの詩は次のようなものである。

バラは理由なく有《あ》る。それは咲く、咲くゆえに、
バラは自分を見つめず、問いもしない、
人が自分を見ているか、と。

「バラは理由なく有《あ》る」ハイデッガーによれば、この語句を説明するのが第二詩行である。バラは存在するためには、自分自身への注視を必要としない。バラにとってこのような注視は、自分が存在する根拠を与えるようなものではないのである。しかし理由がないということは根拠がないということを意味しない。バラは「咲くゆえに」咲くのである。バラが存在する根拠は咲くこと、すなわちバラの存在そのものなのである。ではバラへの注視とは何のことであろうか。それは何よりも、主観が対象化、客観化によって存在者に根拠を与えることを意味している。存在者が存在することは、主観が与えるどのような理由、どのような根拠をも越え出ている。存在者はただ存在するがゆえに存在するのである。

このようにしてハイデッガーは根拠は存在であるという。したがって存在それ自身はもはや自分自身を基礎づける根拠は持っていない。存在は深淵であり、根拠を欠いているのである。バラはただ、咲くゆえに、咲くのである。咲くことは、ただそれ自身に根拠を持つのであり、無理由なそれ自身からの純粋な現出である。この自由な現出はまさに戯れとなぞらえうるものではあるまいか。

3　存在と人間

現―存在

ハイデッガーの前期の哲学では、人間は存在理解を持つ存在者として特別な地位を与えられていた。そのために『存在と時間』では現存在が分析の対象になったのだし、『根拠の本質について』では、存在理解の存在論的基盤が超越としてとらえられ、そこにいっさいの根拠が見いだされたのであった。では後期の哲学では人間はどのような地位を占めているのであろうか。今みたように後期では根拠は存在であり、もはや超越すなわち存在理解ではない。しかしことがらに関していえば、前期で存在理解と呼ばれる事態は、後期で存在の明るみと呼ばれる事態と同じものだといってよい。ただ存在理解は現存在から存在へと向かうかかわりの中で名づけられた名称であり、存在の明るみとはあくまで存在から存在者へと向かう方向の中で名づけられたものだといえよう。後期においても人間は依然としてすぐれた地位を占める存在者なのである。ただし、人間も存在の真理の方から規定されてくるのだけれども。

さて、後期においても人間はしばしば「現―存在」として登場してくる。ただ前期と違って現と存在とを分離したかたちで現われてくるのである。なぜかといえば「現」とは存在の明るみを意味し、現―存在とは人間がそのような現であることをいうものだからである。このように存在に対して開いている存在者は人間だけである。すなわち人間とは存在が明るむ場なのであり、人間の本質は自己を固執せずにその存在の明るみの中に立ちいでることにある。「現存在の本質は実存に存する」と『存在と時間』ではいわれていたけれど、実存とは自己から立ちいで、存在の真理の中に立つことなのである。この「外に立つ」ということを強調するために、後期の哲学ではハイデッガーは実存 Existenz をエクｰシステンツ Ek-sistenz と書き変えてさえいる。すでに述べたように、このような考えに応じて、企投や被投性や頽落もまた新しく規定しなおされてくる。すなわち企投において投げるものは人間ではなく、人間をその本質である現―存在の実存（エクｰ

システンツ）へと送りこむ存在自身である。また世界の中に現—存在を投げこむのも存在である。頽落でさえ存在から規定されたものとなる。頽落は後期の思索では、人間が存在を忘却して存在者としての自分自身に固執し、自分を根拠にしていっさいの存在者を測る、あの主観主義を意味することになるけれども、しかしこの存在忘却は人間の思考からおこなわれることではなく、存在の本質に属していることであり、存在の運命によってきめられたことなのである。このようにして人間の業《わざ》のいっさいは存在から贈られたもの（存在の運命）として決定されてくることになる。このようなものとして、人間は他の存在者より優れた地位を占めてくるのである。

生起

では、この存在と人間とのかかわりがどのようにして生ずるのか、私たちは「生起」の思想を調べてみるとしよう。

人間が一個の存在者であることはいうまでもない。存在者として人間は木や石や鳥と同様、存在の全体に属し、その中に組み入れられている。しかし人間だけが存在に開かれ、存在にかかわっているのであり、このようなものとして人間のみが存在に応答するのである。というのは、存在は人間に語りかけ要求することによって、あるいは命令することによって初めて到来し存続するのであり、そのことは人間が存在に開かれていて初めて可能なのであるから、人間は存在に帰属し、存在の要求を聞き、それに応答する。しかし存在もまた人間に自分を譲り渡し人間に帰属する。人間と存在は互いに譲渡され合い、互いに帰属し合う。ハイデッガーはこのことを「生起」と呼ぶのである。

生起とは、もちろん、私たちが普通いうところの事実やできごとを意味するものではない。生起 Ereignis《エルアイクニス》というドイツ語は根源的には「見る」「見ることにおいて自分のところへ呼ぶ」「わが物とする」といった意味なのだという。ハイデッガーはここで上述した彼特有の言葉の遊びを散りばめているのだけれども、生起(Er-eignis)とは結局、互いに見合い、自分(eigen)を譲り渡し合い(über-eignen)互いにわが物とし合い(an-eignen)適合し合い(eignen)ながら、初めて真にお互いにそれ自身となるということである。

以上のように人間は存在との交流の中にその本質を獲得する。私たちはより一層理解を深めるために、自由、言葉、思索という人間の三つのあり方を調べてみよう。

自由

『存在と時間』では実存が自由として把握されていたし、『根拠の本質について』では超越が自由として解き明かされていた。後期においてもハイデッガーは『真理の本質について』の中で自由こそ真理の本質であるとして解明している。ただし、この論文の初出版は一九四三年であったけれど、三〇年代におこなわれた講演に手を加えて成ったもので、その点二九年代の思索をうかがわせるものも含んでいる。

さて、この著作でハイデッガーは真理の本質は自由であるという。なぜなら、言葉と事象の一致という真理が成立するのは「ある開けたもの」においてであり、したがってこのような真理はある開けたものにおいて

『真理の本質について』

顕示されてくるものに対して開いていることによって可能だからである。この「開いていること Freisein」がハイデッガーのいう自由 Freiheit なのである。

「ある開いたもの」あるいはその「開き」といわれることがらが何を意味しているかは推察できるであろう。それはアレーティアとしての真理、すなわち非隠匿性としての存在の真理を意味している。したがってハイデッガーにとって自由とは、我執《がしゅう》を捨てて存在の真理の中にかかわり入ることを、あのエク－システンツとしての実存を意味するのである。

通常、私たちは自由を人間という存在者に所属する固有な能力、人間という存在者が所有する固有な特性だと考えている。しかし自由がその本質を存在の真理から受領してくると考えるハイデッガーでは、もはや自由は人間が特性として所有するものではなく、たかだかその逆があてはまるにすぎない。すなわち自由が人間を所有するのであり、それゆえにこそ、人間は存在者全体にかかわりうる、また歴史をも持ちうるのだとされるのである。

言葉

ハイデッガーの後期の思索においては、言葉が「存在の家」として重視されていることはすでに述べた。『存在と時間』では、言葉が由来するとされる「語り」が現存在の開示性の一つとして取りあげられてはいたけれど、憂慮の構造の中には組み入れられてはいず、言葉についての考えが十分熟しているとはいいがたいものがあった。しかし後期では、言葉は存在の真理を形成する重要なモメントとなり、ハイデッガーはいろいろな著作の中でそれに触れるのみならず、一九五九年には『言葉への途上』と題する言葉についての論文集まで出版するようになるのである。

言葉は存在の家だという。ハイデッガーのこの言葉はどのようなことを述べているものなのだろうか。

言葉は普通、人間が所有し、駆使する意思伝達の道具だと考えられている。だが言葉は存在の家だとする思想がこのような考えを否定するものであることはいうまでもない。彼によれば「言う、sagen」というドイツ語はもともと「現わさすこと、われわれが世界と名づけるものを明るくし隠蔽《いんぺい》しつつ解放することによって提供すること」を意味するという。すなわち、存在が自らを隠蔽しつつ存在者として顕現《けんげん》するあの明るみの世界が言葉によってもたらされるのである。言葉によって初めて存在者がそのものとして明るみの中に現われ出てくるのである。このような言葉がもはや人間の勝手な所有物でないことはいうまでもない。人間が自分の本質を受領してくるのは存在の真理からであるから、言葉はそれによって人間が人間たりうるゆえんのものであり、その逆ではないのである。ハイデッガーにいわせれば、言葉はもはや単に人間が語るものでもない。「言葉が語る」のである。言葉はそこで存在の開示が可能となり、世界が世界として開かれてくる領域であり、存在と人間が互いに触れ合い交流し合う領域である。「生起」の思想を想《おも》い返して欲しい。そこでは存在が人間に語りかけ、人間はそれを聞いて応答し、互いに帰属し合い譲渡し合うことが語られていた。

トラークル

すなわち生起は言葉の領域において成立するものなのである。存在と人間は言葉において交錯し、それぞれ自分の固有性を獲得し、それぞれそれ自身となる。このようにして言葉は「存在の家」である。しかしまた同時に言葉は「人間存在の住居」でもある。言葉という家の中で人間は存在と接するのである。

　それでは言葉はどのようにして何を語るのであろうか。

言葉はまず存在者の名を名づける。この名づけが存在者を初めて語《と》にもたらし、存在者を現わしめる。つまり言葉は存在者をその存在から名づけ存在へと至らしめるのである。

　ところで、存在者は「四つなるもの」の思想では「物」としてとらえられていた。ハイデッガーはこの言葉の働きを『言葉への途上』の中では、トラークルやゲオルゲの詩を手がかりに「物」を名づけることとして詳細に検討している。『冬の夕べ』と題されたトラークルの詩の第一節は次のようなものである。

　雪が窓辺に降りかかり、
　夕べの鐘が響きゆく時、
　人々に食卓は用意され、
　家は気持よく整えられている。

言葉は名づけるのであるが、名づけるということは雪や鐘が降るとか響くとか、すでに知られた対象や事象に名まえを分け与えることではない。名づけるとは物を語へと「呼ぶこと」である。呼ぶことは物をその存在の明るみにともたらす。このように呼ぶことは物に到達することを「命じること」である。命じることとは「招くこと」である。それは物が物として人間にかかわるように招いているのである。降雪は人間を薄明の「天」のもとにもたらす。夕べの鐘の響きは「死すべきもの」としてこの人間を「神々しいもの」の前にもたらす。家と食卓は「死すべきもの」を「地」に結びつける。名ざされた物は呼ばれることによって天と地、死すべきものと神々しいものを自分のもとに収集するのである。物は四つなるものを自分のもとに滞在させるが、この収集しつつ滞在させることが物が物となるということである。したがって、言葉が名づけるのは、物が物になることの中に滞在している四つなるもの、すなわち世界を名づけ呼ぶことでもある。世界と物の間には根底に差異が支配している。しかし世界は物に、その本質を与え、物は世界をかたどるのであり、両者は親密に結びついている。言葉は世界と物とをその親密さの中に到達せしめるよう呼ぶのである。

詩　作

以上のように、ハイデッガーにおいて言葉の働きは、しばしば詩を介して解明される。というのも、言葉は本質的な意味で「詩作」だからである。もちろんこの場合の詩作とは、文学作品としての詩、ポエジーをつくることではなく、それに先だつより根源的な人間のあり方をいうのである。ハイデッガーが、トラークルやゲオルゲ、またヘルダーリン、リルケ、シレジウスなどの詩を手がかりに、自分の思索を展開するのは、これらの詩人の詩が、根源的な詩作に基づいてうたわれているからにほかならな

リルケ

い。存在の明るみがもたらされる言葉の世界に奉仕する人間のあり方、それが詩作である。存在の家である言葉の内に人間が住むあり方、それが詩作である。ハイデッガーは存在の真理に対する人間の最も根源的なあり方として「住む」という言葉をしばしば使うのだが、「詩作することが住むことの本質をつくり出す」あるいは「詩作することこそが根源的に住むことである」とはっきり語っている。あるいはまた、詩作とは存在の語りかけに対する応答であるといってもよいであろう。しかし、これ以上詩作について述べるためには、詩作と密接な関係にある「思索」についてあらかじめ考察しておかなければならない。

思索

考えるということが私たち人間を特徴づけ、人間を人間たらしめている根本のあり方だということはだれも異存はないであろう。しかし普通考えるということで、私たちは合理的な論理的思考を、存在者を目の前に立て対象化する客観的・科学的思考を思い浮かべるのが常である。しかし思考とは本来「存在の思索」しかありえないと説くハイデッガーの考えるということがこのような論理的・客観的思考でないことはいうまでもない。では、存在の思索とはどのようなものであろうか。

ハイデッガーは一九五四年に『何が思索を命ずるか』という著作を出版した。この著作は近代科学的な思索を否定しつつ、「思索とは何か」という問いを「何が思索を命ずるのか」ととらえ返して、その思索を学ぶべきことを説くものである。思索を命ずるもの、すなわち思索すべきものは、結局存在者の存在にほかならない。存在が私たちに語りかけ、考えるべく私たちに迫る。存在が私たちに考えさせるのである。

ハイデッガーは例によって思索という言葉を語源的にさかのぼり、「追憶」と「感謝」という二つの意味を見いだしてくる。追憶とは私たちの想《おも》いを収集することであるけれども、過去のものだけにかかわってい
われるのではない。過去のものも現在のものも未来のものも、そのつどの現前すなわち存在の明るみの中に統一されて現象するのであって、追憶とは結局明るんでくる存在への追憶である。したがって思索とは、思索を命ずる存在へと想いを集め、私たちに本質を与え、私たちをその本質の中に保ってくれる存在に対してつつましやかな感謝を捧げることにほかならない。

存在の命令とそれに応《こた》える思索という関係は「生起」の思想を想いおこさせるであろう。実際ハイデッガーは『哲学とは何か』の中では、哲学という言葉ではあるけれども、思索は「存在者の存在への応答」であるとし、さらにこの応答を「定める be-stimmen」のは私たちに語りかける存在の「声 Stimme」だと述べている。存在の語りかけは私たちに勝手な応答を許すような単なる語りかけではない。それはまさしく応答をすでにきめている命令なのである。

存在の思索とは以上のように、たしかに私たちが存在を思索することを意味するとともに、思索が存在に

よって命じられ定められること、したがって思索が存在の生起であることを意味するものである。それゆえ存在の思索という時のこの「の」という所有格は二重の意味を持つ所有格である。それは主格的な所有格として存在が思索を持つということを意味すると同時に、目的格的な所有格として存在を思索することを意味するのである。それゆえ存在の思索が、私たち人間の任意な意思によっておこなわれうると思いあがってはならない。私たちは存在の語りかけに気づき、その声を聞くことによってのみ思索しうるのである。ただしその語りかけに気づくことは稀《まれ》であり、むしろ技術文明の支配する現代では「われわれはまだ思索していない」のだけれども。

詩作的思索

以上のように思索が存在の語りかけに対する応答であるならば、思索が言葉と密接にかかわるものであることは明らかであろう。ハイデッガーによれば、「存在は思索において言葉へとくる」のであり、思索は存在の声に聞き従いながら、存在の真理が言葉へとくるような語を求めるものなのである。よりはっきりいえば、「思索は応答として言葉に奉仕する」ものなのである。とすれば、私たちは思索と詩作のかかわりを問わねばならない。詩作もまた言葉に奉仕するものであり存在の語りかけに対する応答であったからである。

思索と詩作は通常相反するものとして考えられている。すなわち思索は理性の働きであり、概念化し抽象化し分析し体系化するのに対して、詩作は感情や想像力に基づき、形象的であり比喩的であり直観的であるとされている。ハイデッガーにおいても、この通常の見解とは違った意味ではあるけれども、両者は必ずしも等しいものではない。しかし根底においては同一なものなのである。

ハイデッガーは思索と詩作を「言うということの二つの際立《きわだ》ったあり方」としている。二つのあり方として両者は現われる形においては異なっている。詩作はどちらかといえば、まず存在者にかかわり、存在者を名づける。それに対して思索は直接、存在に向かい、存在の真理を語にもたらすのである。しかし詩作が語に呼び出すものも存在者と世界との差異、存在そのものであった。両者がそこで出会い、共通の地盤とする「言う」とは、明るみつつ自らを隠匿する明るみの世界を提供することであった。この根底において両者は同一なのである。この根底において「すべての思索は詩作であり、すべての詩作は思索である」のである。ハイデッガーが、伝統的・主観主義的形而上学から転回して還帰せんとする思索、従来の哲学に代わって提供する「将来の思索」とはこの「詩作的思索」にほかならない。

存在忘却

ところで、現在の私たち人間の世界をふり返ってみよう。そこではハイデッガーの説いた人間のあり方とはまるで正反対なありさまが支配している。自由ということは、自分がいっさいの行動の基盤であり、事物や他人も含めていっさいの存在者の主人である状態だと理解されているし、言葉は人間が自由にあやつり創《つく》り出し改変しうる伝達の道具としか考えられていない。思索は単なる技術的・科学的な思考に落ちこんでしまっている。ハイデッガーにいわせれば、「われわれはまだ思索してはいない」ありさまなのである。

このような現代人のあり方を思想として規定する時、ハイデッガーは「主観主義」と呼ぶ。序文で述べたように主観 Subjekt が由来するラテン語の subjectum とはもともと「下に置かれたもの」を、つまり基礎とか土台とかを意味する。主観主義とは人間を主観と考える考え方、すなわち人間を基盤とし、中心とし、そこからすべてのものをとらえ、人間をすべてのものの主人と考える人間中心の思想をいう。

主観主義とは、主観としての人間が現前するいっさいのものを客観化することを意味する。主観主義はそれゆえ主観と客観という存在者間の関係に基づいて、存在するすべてのものを、存在者と存在者の関係に還元する。すなわちそこでは、存在が存在と存在者の差異が忘れられ、捨て去られ、あたかも存在者が存在であるかのようにみられている。すなわち主観主義は「存在忘却」に基づいているのである。私たちは今や存在忘却のただ中にいる。そして存在が私たちが由来した根拠、故郷であってみれば、私たちは故郷を喪失してあてどもなくさまよう哀れな旅人にすぎない。ハイデッガーはそう考えている。

インシステンツ

ハイデッガーは『真理の本質について』の中で、存在忘却に陥っている人間のあり方を、「エク－システンツ（外に立つ）」に対する「インシステンツ（中に立つ）」として明らかにしている。

存在は存在者として顕現することによって自己を隠匿するのであった。『真理の本質について』では、存在の開きの中にいで立って存在者を存在させるのが自由としての実存（エクーシステンツ）であった。しかし存在の顕現という真理には常に存在の隠匿という非真理が付随している。そこにおいて人間は絶えず存在者にかかわっているが、ほとんどいつもあれこれ個々の存在者や、そのたびごとの開示でよいことにし、ついには世界を常に新しい欲求や目的で補充し、また自分の目論見《もくろみ》や計画で満たすようになる。彼は存在を忘却して、この自分の目論見や計画に固執し、それから尺度をとり、その中に自分の安全を固持しようとするようになる。このように存在を忘却して存在者に固執し、厚かましくも自分をいっさいの尺度とする我執的なあり方がインシステンツなのである。現―存在はこのようにエクーシステンツであるとともに同時にインシステンツなのである。

さらにハイデッガーは、インシステンツとして人間が身近に通りすぎる存在者に身を向け、存在が隠匿されていることすら忘却するようになってしまうことを「迷い」と呼ぶ。人間は迷う。しかし迷いは、人間が時たま落ちこみ、また抜け出すといった偶然的なものではない。迷いは人間にとって必然的なものであり、現―存在の内的な構造に組みこまれているものなのである。

以上の通りだとすれば、存在忘却が何に由来するかは明らかであろう。存在忘却すら、ハイデッガーにおいて、人間の側の怠慢というよりむしろ、存在が人間から身をそむけることに由来している。すなわち存在が顕現しつつ自分を隠匿すること、退きつつ自分を送ってくることに由来している。存在が退きつつ自分を送ってくる Zu-schicken ことをハイデッガーは「存在の運命 Ge-schick」と呼ぶが、存在忘却とはまさし

ヘルダーリン

く存在の運命にほかならない。それゆえに存在忘却は、現代になって初めておこったできごとではなく、存在の歴史とともに始まっているものなのである。人間の歴史は存在忘却の歴史であり、現代はそれがきわまった時代なのだということができよう。

存在の牧人

ハイデッガーは詩作的思索によって、この存在忘却の歴史からの、伝統的形而上学からの転回を試みようとしていた。しかしその存在忘却が私たちの怠慢によるというより、存在の運命に属するものであり、思索もまた存在の語りかけに対する応答であるならば、いったい私たちになすべきいかなる術《すべ》があるというのだろうか。ヘルダーリンの詩に従って「欠乏せる時代」あるいは「世界の夜の時代」とハイデッガーによって呼ばれる存在忘却の現代にあって、私たちはどのように生きていったらよいというのだろうか。

存在は人間から身をそむけ、退いてゆく。しかし退いてゆくということは何もないことではないとハイデッガーはいう。退いてゆくものは、たとえ人間が気づこうと気づくまいと、実は人間を引きつけ、いっしょに引っぱってゆくのであり、引きつけるという仕方で私たちに現前しているのである。そして逆に人間はこの退いてゆくものを示すということによって存在する。人間は退いてゆく存在を「示すもの」であり、その意味で「しるし」なのである。しるしとして私たちがなすべきことはただ一つ、存在が私たちに語りかけるまで待つことである。私たちはたしかにまだ、存在を思索してはいない。しかし待つことによって、私たちは思索への途上にあるのだとハイデッガーはいう。

現代の技術的世界の中で私たちがとるべきあり方を説いた『平静』という小論の中でも、ハイデッガーは「待つこと」を説いている。技術文明が支配し存在忘却のきわまった現代において私たちがとるべき態度は「事物に対する平静さ」であるとハイデッガーはいう。この平静さとは、技術世界の根底に隠匿されている秘密に対して身を開くことであり、退きつつ、しかもあらゆるものを収集し滞在させる存在の広がりに身をゆだねることであるという。そして、そのことが待つことにほかならない。私たちは自分を隠匿している存在に身を開きつつ、いつしか存在が私たちに語りかけ、存在の真理が明けそめるのを待つべきだとハイデッガーは説くのである。

待つことはまた「見張ること」「見守ること」である。そして見守ることとはまた「住むこと」にほかならない。ハイデッガーは四つなるものの思想において、死すべき者が地上にあるあり方、それが住むことだという。住むことの根本特徴は四つなるものを「いたわる」ということである。そしていたわるということは四つなるものをその本質において「見守る」ことにほかならない。牧場で牧人たちが羊の群を見守るように、存在の真理を見守ることにほかならない。人間は「存在の牧人」であり「存在の番人」なのである。

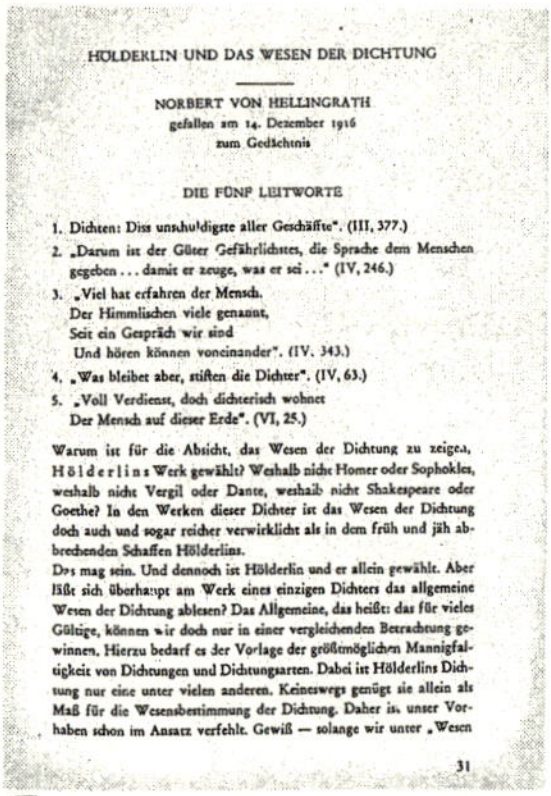

HÖLDERLIN UND DAS WESEN DER DICHTUNG

NORBERT VON HELLINGRATH
gefallen am 14. Dezember 1916
zum Gedächtnis

DIE FÜNF LEITWORTE

1. Dichten: Diss unschuldigste aller Geschäfte". (III, 377.)
2. „Darum ist der Güter Gefährlichstes, die Sprache dem Menschen gegeben . . . damit er zeuge, was er sei . . ." (IV, 246.)
3. „Viel hat erfahren der Mensch.
Der Himmlischen viele genannt,
Seit ein Gespräch wir sind
Und hören können voneinander". (IV, 343.)
4. „Was bleibet aber, stiften die Dichter". (IV, 63.)
5. „Voll Verdienst, doch dichterisch wohnet
Der Mensch auf dieser Erde". (VI, 25.)

Warum ist für die Absicht, das Wesen der Dichtung zu zeigen, Hölderlins Werk gewählt? Weshalb nicht Homer oder Sophokles, weshalb nicht Vergil oder Dante, weshalb nicht Shakespeare oder Goethe? In den Werken dieser Dichter ist das Wesen der Dichtung doch auch und sogar reicher verwirklicht als in dem früh und jäh abbrechenden Schaffen Hölderlins.
Das mag sein. Und dennoch ist Hölderlin und er allein gewählt. Aber läßt sich überhaupt am Werk eines einzigen Dichters das allgemeine Wesen der Dichtung ablesen? Das Allgemeine, das heißt: das für vieles Gültige, können wir doch nur in einer vergleichenden Betrachtung gewinnen. Hierzu bedarf es der Vorlage der größtmöglichen Mannigfaltigkeit von Dichtungen und Dichtungsarten. Dabei ist Hölderlins Dichtung nur eine unter vielen anderen. Keineswegs genügt sie allein als Maß für die Wesensbestimmung der Dichtung. Daher ist unser Vorhaben schon im Ansatz verfehlt. Gewiß — solange wir unter „Wesen

31

『ヘルダーリンの詩の解明』

詩人

世界の夜の時代において、世界に住むもの、存在の真理を見守る者は詩人と思索家である。ハイデッガーはヘルダーリンの解釈を通して、そのことを美しく語っている。欠乏せる時代、あるいは世界の夜の時代とは、「飛び去りし神々はもはやなく、来たるべき神々はまだない」時代、すなわち神々の不在の時代のことである。現代は世界の夜がますます深まり、世界は真夜中の暗黒におおわれている。飛び去った神々の痕跡《こんせき》も消え失せ、消え失せた痕跡の痕跡さえほとんど消えかかっている。詩人とは他のだれよりも先にこのことに気づいた死すべき者である。この欠乏せる時代にあって詩人であるということは歌いつつ飛び去った神々の痕跡に注意し、見守ることである。それゆえヘルダーリンは聖なるものを、すなわち神性の痕跡を歌うのであり、彼にとって世界の夜は聖なる夜なのである。ハイデッガーはこのように語っている。

ここでいわれている神々とは存在のことと解してよいであろう。存在は忘却され、のみならず存在が忘却されたことさえ忘却され、新しい存在の真理はまだ到着していない。しかし世界の夜にあって私たちは消えかかる聖なる痕跡を見守り、新しい存在の光が世界を明けそめるのを待たねばならない。ハイデッガーはそう説いているのである。

ハイデッガーはまた『ヘーベル－家の友』という小論の中で、郷土詩人ヨハン＝ペーター＝ヘーベルの解釈を通じて、詩人を「家の友」と呼んでいる。家とはこの場合世界のことである。死すべき人間は天の下、地の上に住んでいる。世界は死すべき人間の住居である。この世界という家の友とは、どのような人であろうか。ハイデッガーは、ヘーベルの言葉に従い、それを地球に対する月にたとえている。月は、夜、私たちにやわらかな光をもたらしてくれる。その光は月自身がともしたものではなく、太陽の光の反射である。太陽の輝きは、勿論《もちろん》地球をも照らしている。しかし、その太陽が没し、暗黒に地球がおおわれた夜、月は地球に太陽の光を伝えてくれる。この月のように、家の友である詩人は、世界の夜にひとり目覚めている者である。彼は自分で言葉を創りあげるのではなく、存在が語りかける言葉を聞きとり、それを再び地上に住む人人に語り伝え、世界を明るくする。彼は、人々が存在から与えられながら、夜眠っているうちに忘れてしまった本質的なものを見守り、住人たちにふさわしい安らぎが脅かされないよう監視しているのである。

ハイデッガーの説く詩人はこのように、彼に語られた言葉を伝えることによって、存在忘却の夜に住む人人を導いてくれる者である。しかし、ハイデッガーは詩人ということで、単に文学作品としての詩をつくる特異な才能を持った一部の人たちにのみ当てはまるあり方を示したのではない。ハイデッガーは「……詩人的に人はこの地上に住む」というヘルダーリンの詩句をしばしば引用するけれども、この詩句にうかがわれるように、人が世界に住む本質的なあり方、存在の牧人としてのあり方を、ハイデッガーは詩人に見届けているのだといえよう。たしかに世界の夜の時代に、詩人的に住む者はまれであろう。だが、私たちはその詩人の言葉に耳を傾け、自ら詩人的に生きるべきだとハイデッガーは考えるのである。

4　存在と歴史

歴史というと普通私たちは残された史料を基に整理、編集され、書物となって発表される「書かれた歴史」を思い浮かべるであろう。しかし人間存在が歴史的なものであり、歴史が内的に形成するものであるならば、私たちは書かれた歴史の背後に「できごととしての歴史」を区別しなければならない。ハイデッガーはすでに『存在と時間』の中でこの二つの歴史を区別し、書かれた歴史はできごととしての歴史に基づくこと、そしてさらに、できごととしての歴史は現存在の歴史性、ひいては時間性に基づくことを主張していた。

存在の歴史

後期の思索でも、ハイデッガーにとって歴史とはできごととしての歴史である。しかしできごとがすべて存在者として顕現してくる存在の生起である限り、歴史は退きつつ自分を送る存在の送り、すなわち存在の運命から規定されることになる。そればかりではない。存在はもともと顕現する時、運命として、歴史として明るんでくるのであり、それゆえ現―存在は本質的に歴史的なのである。このようにハイデッガーにとって、歴史とは「存在の歴史」以外の何ものでもない。

ハイデッガーは、この存在の歴史を西欧の思索の歴史、あるいは形而上学の歴史として展開する。もっともその初端から現代まで一貫して述べられた歴史の書物があるわけではない。だがハイデッガーは古代から近代にいたるまでの数多くの哲学者についての解釈を書物にして発行したり、著作中随所で触れたりしている。あるいは存在の歴史そのものに触れている箇所も多い。それらをとらえ合わせてみると、一貫したハイデッガーの歴史観が浮かびあがってくるのである。

存在の歴史をひと言でいえば、存在忘却の歴史にほかならない。たしかに初端においては存在は自分を隠匿しつつ顕現するその真理において見守られ、保持されていた。しかし形而上学の開始とともに、この初端はおおわれ、存在は忘却されてしまう。存在忘却は時代の進展とともにますます深まり、形而上学は現代の科学技術文明において終結するにいたっている。私たちは形而上学を克服する課題を担わねばならぬ。しかし存在忘却の歴史の終結は来たるべき新しい日を予告するものでもある。来たるべきいつしか、あの初端のいつしか明らかであった存在の真理が再び到来するであろう。私たちは世界の夜の時代にあって退きつつ自分を送る存在に身を開き見守りつつ、真理の曙光が立ち昇るのを待たねばならない。ハイデッガーはそう考えるのである。

歴史の最初にあって、この歴史を規定したものが、歴史の終末に再びよみがえってくる、という歴史観は「終末論」と呼ばれる。ハイデッガーの歴史観は以上のような「存在の終末論」なのである。

西欧の思索の歴史

それでは西欧の思索の歴史は基本的にどのように展開されているであろうか。簡単にながめておくことにしたい。

ハイデッガーが存在の歴史の初端を見てとるのはソクラテス以前の哲人、アナクシマンドロス、ヘラクレイトス、パルメニデスたちの思索の中にである。彼らは存在をプュシス（自然）としてとらえ、隠れるのを好むプュシスの顕現を見守り、その語りかけに聞き従ったのである。

しかしこの初端において明らかであった存在の隠匿的顕現《いんとくてきけんげん》という真理は、プラトン、アリストテレスによる形而上学の開始によっておおわれ始められる。プュシスの意味も変わって一面的になり真理も非隠匿性という本質を失って人間と存在者の関係に位置するようになる。すなわち人間が存在者を注視する際のまなざしの正しさという主観主義的な真理が成立するのである。すなわち、ここにおいて存在忘却が始まったということができる。

中世において存在忘却は深まってゆく。いうまでもなく中世はキリスト教神学が哲学の主人であった時代であるけれども、「物と心の一致」という主観主義的真理観が確立されたのはこの時代である。たしかにこの時代では、この真理は神を土台として成立していた。すなわち物は神の心の中の観念に従って創り出された被造物であり、それゆえこの神の中の観念と一致した時、真なのであって、この真理が同じ被造物である人間の心と物との一致という真理を保証しているのである。しかしいずれにしても主観主義的形而上学がここを支配していたことは明らかである。

近代形而上学は、この神の保証をも失ったところに成立する。それゆえ存在忘却はもはや決定的になってくる。ここで人間ははっきり主観としての位置を与えられて存在者の主人となり、存在者は主観の表象によ

ニーチェ

って目の前に立てられた対象として客観と化してしまう。真理は非隠匿性という本質をまったく失って、主観と客観の一致とされてくるのである。

ハイデッガーはこの近代形而上学の歴史をデカルトから始め、ライプニッツ、カントなどをたどる。そしてヘーゲルを経てニーチェにその完成をみてとるのである。ニーチェはその著『ツァラトゥストラはこのように語った』の中で「神は死んだ」と宣言する。ハイデッガーはこの言葉で超感性的な世界の否定を、したがって形而上学への反抗をみてとる。しかしニーチェが神に代わって提出したのは「力への意志」とその具現として「超人」であり、そこでは形而上学の克服どころか人間を主観として世界を対象化する試みが極点にまで徹底化されているのだとハイデッガーは主張するのである。

以上のようにハイデッガーはニーチェを形而上学の完成者とみる。しかしさらに存在忘却が深まり、形而上学が終結するほどにもきわまったのが、科学と技術に特徴づけられる現代文明である。私たちは最後にハイデッガーの現代観を考察することにしよう。

ハイデッガーは『世界像の時代』という『森の道』所載の論文の中で現代批判を展開している。

現代―世界像の時代

彼によれば、近代科学の性格は次のことにある。まず、科学は一定の対象領域をあらかじめ企画をたてて、切り開き、厳密さを尺度としてその中を突き進む。第二にこの企画や厳密さは、仮説を立て、それを実験によって検証するといった特別な処置方法によって展開される。第三に近代科学は企業としての性格を持ち、統一的な連関の中で一貫しておこなわれる。ところで科学がこのような性格を持つ根底には、存在者の対象化という本質がひそんでいるのである。対象化は存在者を目の前に立てること、すなわち表象することによっておこなわれ、したがって真理は表象の確実性となる。これらのことはまた同時に人間が主観となること、すなわち、いっさいの存在者がそれに基礎づけられる基盤になることによっておこなわれるのである。

ではこのような近代科学によって見届けられる近代の本質はいかなるものであろうか。それは世界像が成立することである。ここで世界像というのは単に世界についての像というより以上のことを意味している。上述のように存在者の存在は主観によって表象されるところに存し、表象されたものは統一的連関の中に体系化されているから、世界そのものが表象された映像になっているのである。近代は世界が像になり、人間が主観としてその中心に位置するそのような時代、世界像の時代である。

ところで近代技術については、ハイデッガーは『技術への問い』という講演の中で次のように述べている。

近代技術

技術とは、普通、人間がある目的のために使用する手段であると考えられている。ハイデッガーは、この規定は正当だとしながら、しかしまだ十分技術の本質を示すものではないとし、例によって古代ギリシアに立ち帰ってそれを示そうとする。

ハイデッガーによれば、目的、手段ということには、それによってあることが惹《ひ》きおこされるという原因・結果の関係がひそんでいる。ところで、原因であるということは、まだ現存していないものを現存の明るみの中へ誘い出し、出現させるということ、隠匿されていたものを非隠匿性の中へ顕現させるということである。すなわち技術とは、顕現の一様式であり、アレーティアとしての真理こそ技術が本質的に属する場なのである。したがって、技術とは、もはや単なる人間の行為でも、手段でもなくなる。それは存在が自らを送ることによって顕現してくる存在の運命の一様式だということになる。

近代技術も顕現の一様式であることに変わりはない。しかしそれはもはや、かつての始源的なものではなく、特異な形をもって現われ出ているのである。近代技術を支配している顕現は、自然に対する「強要」という形をとっているとハイデッガーはいう。農業も鉱業も工業も近代技術はすべて自然を強要し、それを役だつものとして取り立てるということで、成り立っている。逆にいえば、今や、いっさいの現実が近代技術によって、取り立てられ、役だつものとして仕立てあげられているのである。

ところで、このように自然を強要するものは人間である。しかし、人間が自然を強要することができるのは、ハイデッガーによれば、人間自身がそうするように強要され、仕立てあげられ、役だつものと化してしまっているからである。このように人間を強要する要求をハイデッガーは「組み立てGe-stell」と呼ぶ。Ge-stell の Ge-とは、ドイツ語で集合とか集収とかを意味する接頭語である。すなわち、組み立てとは、現実を取り立て bestellen、役立つもの Bestand として顕現させるよう、人間を仕立てている stellen そうした「立て stellen」にいきわたり、それらを根源的にまとめているものを意味する。かくして、ハイデッガーは近代技術の本質は存在の顕現の一様式としての組み立てに存するのだと考える。

このような近代技術についての考えは、人間が主観となって、すべての存在者を対象化するという近代科学についての考えと、相通ずるものである。対象化するとは表象《ひょうしょう》する（vor-stellen 目の前に立てる）ということであった。すなわち表象とは、立ての一様式であり、組み立てに属するものだと考えてよい。この組み立ての支配において、人間は取り立ててきた役だつものに目を奪われ、組み立てという形をとって顕現してきた根源の存在を見失い、忘却してしまう。そして、人間は取り立てるものとしての自分を地上の主人と思い込むのである。

組み立てという存在の運命の支配のもとで、今や人間は最大の危機に直面している、とハイデッガーはいう。取り立ては、それ以外の顕現の仕方をすべて放逐し、アレーティアの輝きを隠匿してしまい、取り立てるものとなった人間は、今日もはや、けっして真の自分自身に出会うことはない、と。現代の危機はけっして機械や器具の使用ということから初めて生まれたものではなく、人間の本質そのものにかかわっていることなのである。

ではいったい、このような危機から救われる道が、私達には残されているのだろうか。

危険のあるところ
救うものもまた生まれる

このヘルダーリンの詩句をかかげて、ハイデッガーは次のようにいう。技術の本質に目を注ぐ時、私たちは危険と共に救うものが生まれるのも見ることができるのだ、と。救うものとは、ハイデッガーにとって存在のことである。そして、この救うものを見届けうる人間のあり方とは、結局、詩人としてのあり方にほかならない。かつて、ギリシアにおいて、真理を美の中に現出させること、すなわち、芸術は技術（テクネー）と呼ばれていた。ただし、そこでは、芸術は現代のように単なる人間の業ではなかった。そこでは、芸術は人間の文化活動の一部門ではなかったし、芸術作品は単に審美的に楽しまれるだけのものではなかった。それは存在の真理にかかわる人間の本質的なあり方だったのである。この始源的な芸術の世界に立ち戻ることをハイデッガーは説くのである。

……詩人的に人はこの地上に住む

このヘルダーリンの詩句を今こそ、私たちは理解すべきだとハイデッガーは考えるのである。

このようにして現代は存在忘却の歴史の頂点に位置づけられている。人間中心あるいはヒューマニズムといった言葉にひそむ甘美さをハイデッガーは厳しく否定し、存在の真理を見守る詩人的なあり方を進むべき道として指し示すわけである。このような思想の特異さにたとえ反発する人があったとしても、ハイデッガーの思想が袋小路に陥った人間の歴史と現代文明に厳しく対決し、それを越えゆく一つの道を呈示したことは確かであろう。

あとがき

私たちはハイデッガーの歩んできた道と思想を一通りたどってきた。ふり返ってみると、言い足りなかったこと、触れられなかったこともあるし、ハイデッガーの人と思想が全体において描きえたか不安になる。また難解な彼の哲学をできるだけやさしく紹介するという私の役目も、はたして果たされているであろうか。だがもし、この私のつたない論述が多少なりともハイデッガーの理解に役立ち、考える場合の何らかの手助けになったとしたらこれ以上の喜びはない。

人類はついに月に到着した

ハイデッガーの思想は現代文明とそれをもたらした西欧の歴史に対する厳しい否定によって染め抜かれている。そしてまた現代を越えゆく道として彼が指し示したことも「待つこと」という、いわば隠者的な悟りなのであった。その点でもハイデッガーはあまりにも忙がしく、あまりにも活動的な現代とまったく対称的な、いわば反時代的な思索家である。その思想の良非はともかくとして、その思索の根本的な力は何人も認めざるをえないであろう。現代が袋小路に到達し今病んでいることはだれの目にもみえている。現代では人々が機構の中に組み込まれ大衆と化して自己を失っているということは一つの常識にさえなっている。しかしそのことを嘆きながら、他方、人間の月面到着を人類の偉大なる前進として単純に狂喜する矛盾は反省されなければならないであろう。現代が陥っている暗黒は、科学技術の付随的な結果であるというよりも、むしろ科学技術の本質そのものにかかわっているからである。現代を越えゆくには行動するよりまず、根本的な思索が必要ではあるまいか。ハイデッガーの思想は私たちに少なくともそのことを教えてくれるのである。

この著作を執筆する際に、いろいろな人の御本を参考にさせていただいた。なかでも原佑教授、渡辺二郎助教授の御労作には教えられることが多かった。ここで厚く御礼申し上げたい。

ハイデッガー 年譜

西暦	年齢	年譜	背景をなす社会的事件、ならびに参考事項
一八七一年			ドイツ統一が完成、ウィルヘルム一世即位 **ビスマルク首相となる**
七八			トーマス、製鋼方法の発明
八一			ニューヨークで電灯事業開始さる
八三			マルクス死ぬ（一八一八〜） **ヤスパース生まれる**（〜一九六九） ムッソリーニ生まれる（〜一九四五）
八八			ウィルヘルム二世即位
八九	〇歳	九月二十六日現在の西ドイツ、バーデン州メスキルヒで**ハイデッガー生まれる**	ヒトラー生まれる（〜一九四五） マルセル生まれる
九〇	一歳		ビスマルク辞職
一九〇〇	一一		**ニーチェ死ぬ**（一八四四〜）
〇三	一四	コンスタンツのギムナジウムに入学	ライト兄弟、飛行機を完成
〇五	一六		**サルトル生まれる**

一九〇六年	一七歳	フライブルクのベルトルト・ギムナジウムに転校	ハーバー、アンモニアの工業的合成法を発見
〇九	二〇	フライブルク大学に入学	ルイ＝プレリオ最初のイギリス海峡横断飛行 キルケゴールのドイツ語訳全集刊行開始
一一	二二	哲学へ進むことを決心し、リッケルトにつく	ディルタイ死ぬ（一八三三〜） フォード、自動車の大量生産を開始す
一四	二五	学位論文『**心理主義における判断論**』刊行	**六月第一次世界大戦始まる**
一五	二六	フライブルク大学の私講師となる	ヴィンデルバント死ぬ（一八四八〜）
一六	二七	私講師就任論文『**ドンス＝スコトスの範疇論及び意味論**』刊行	リッケルトがハイデルベルク大学に転任し、後任としてフッサールが来任する
一八	二九		十一月第一次世界大戦終わる
一九	三〇		**ドイツはワイマール共和国として**新発足し、エーベルトが初代大統領になる ヤスパース『世界観の心理学』
二三	三四	**マールブルク大学の教授となる**	七月ソビエト社会主義共和国連邦成立 マルクが大暴落し、十一月にはミュンヘン一揆が起こる ブーバー『我と汝』
二五	三六		エーベルト死に（一八七一〜）、ヒンデンブルクが大統領になる ヒトラー『**わが闘争**』

一九二七年	三八歳	『存在と時間』刊行	マルセル『形而上学日記』
二八	三九	フライブルク大学の教授となる	
二九	四〇	『形而上学とは何か』七月にフライブルク大学就任講演として講じ、のち刊行さる 『カントと形而上学の問題』刊行 『根拠の本質について』雑誌発表	九月ニューヨーク株式大暴落し、世界恐慌始まる
三〇		『真理の本質について』公開講演（書き改められて一九四三年刊行）	
三一	四二	ベルリン大学からの招きを断わる	ヤスパース『哲学』
三三	四四	フライブルク大学総長になる。就任講演『ドイツ大学の自己主張』	ヒトラーが政権を握る。ナチスのユダヤ人や共産党の排斥始まる
三四	四五	総長辞任	
三五	四六	『形而上学入門』講義（一九五三年刊行） 一一月『芸術作品の起源』講演（『森の道』収載） 『物への問い』翌年にかけて講義（一九六二年刊行）	マルセル『存在と所有』 ヤスパース『理性と実存』
三六	四七	四月『ヘルダーリンと詩の本質』講演（翌三七年刊行、後『ヘルダーリンの詩の解明』に収載）	ドイツ、フィンランドに進駐 リッケルト死ぬ（一八六三〜）
三七	四八		ヤスパース、ナチスによって講壇を追われる
三八	四九	六月『世界像の時代』講演（『森の道』収載）	ドイツ、オーストリアを併合

一九三九年	五〇歳	『ヘルダーリンの詩「あたかも祭りの日に……」』翌年にかけて数回講演（一九四一年刊行、後『ヘルダーリンの詩の解明』収載）	フッサール死ぬ（一八五九〜） **九月第二次世界大戦始まる**
四〇	五一	『プラトンの真理論』執筆（一九四二年雑誌発表、四七年『ヒューマニズムについて』と一冊になって刊行）	日本・ドイツ・イタリア**三国同盟成立**
四一	五二		十二月日本、アメリカに宣戦布告、第二次世界大戦に参戦
四二	五三	『ヘーゲルの経験の概念』を翌年にかけて講義（後『森の道』収載）	
四三	五四	『真理の本質について』刊行、『**形而上学とは何か**』第四版（後書追加）刊行、『ヘルダーリンの詩「追憶」』雑誌発表（『ヘルダーリンの詩の解明』収載）『ニーチェの言葉「神は死せり」』（講演『森の道』収載）『ヘルダーリンの悲歌「帰郷」』講演（『ヘルダーリンの詩の解明』収載）	一月スターリングラードのドイツ軍降伏 サルトル『**存在と無**』 九月イタリア降伏
四四	五五	『ヘルダーリンの詩の解明』第一版（『帰郷』及び『ヘルダーリンと詩作の本質』の二論文しか含んでいない）刊行	
四五	五六	講壇より追放さる	五月ドイツ、八月日本が降伏し**第二次世界大**

		十一月ジャン＝ボーフレへ手紙を送る（翌四六年『ヒューマニズムについて』と題されて刊行さる）	戦終わる　十月国際連合発足
一九四六年	五七歳	『詩人は何のために』リルケ死後二十年の記念講演（『森の道』収載）	
四七	五八	『アナクシマンドロスの言葉』執筆（『森の道』収載） 『思索の経験から』執筆（一九五四年刊行）	ヤスパース『**真理について**』
四九	六〇	『根拠の本質について』第三版（序文追加） 『形而上学とは何か』第五版（序文追加） 『野の道』日曜新聞に発表（一九五〇年雑誌に所載、一九五三年刊行）	NATO成立 **ドイツ連邦共和国**（西ドイツ）と**ドイツ民主主義共和国**（東ドイツ）成立。中華人民共和国成立
五〇	六一	『**森の道**』刊行、七月『物』講演（翌五一年雑誌発表、後『講演論文集』収載）十月『言葉』講演（『言葉への途上』収載）	中国・ソビエト友好同盟条約。六月朝鮮動乱始まる
五一	六二	『ヘルダーリンの詩の解明』増補第二版（『あたかも祭りの日に……』『追憶』が付加さる）刊行、『ロゴス』雑誌発表（『講演論文集』収載）八月『建てる、住む、考える』講演（五二年雑誌発表、『講演論文集』収載） 一〇月『……詩人的に人は住む』講演（五四年雑誌発表『講演論文集』収載） 『何が思索を命じるか』翌年にかけて講義（一九五四年	ヤスパース『現代における理性と反理性』 六月フランス総選挙でド＝ゴール派第一党になる 九月日米安全保障条約調印

一九五二年	六三歳	刊行） 五月『**何が思索を命ずるか**』講演（雑誌発表の後、『講演論文集』収載）	十一月アイゼンハワー、アメリカ合衆国大統領になる
五三	六四	『ゲオルク＝トラークル 彼の詩の解明』雑誌発表（『言葉への途上』に『詩の言葉』と改題して収載） 五月『科学と反省』講演（『講演論文集』収載） 五月『ニーチェのツァラトゥストラは誰か』講演（『講演論文集』収載） 十一月『技術への問い』講演（『講演論文集』収載）	スターリン死ぬ（一八七九～）、マレンコフがソビエトの首相になる
五四	六五	『**講演論文集**』刊行	**西ドイツ憲法改正**、欧州軍参加への道を開く
五五	六六	『存在問題によせて』雑誌発表（五六年刊行、後『道標』収載）『平静』講演（五九年刊行）	**西ドイツNATOに参加**、ワルシャワ条約調印
五六	六七	『哲学とは何か』刊行	十月ハンガリー事件起こる
五七	六八	『**同一性と差異**』『**根拠律**』刊行 『ヘーベル－家の友』刊行、十二月『言葉の本質』講義（『言葉への途上』収載）	ソビエト、人工衛星打ち上げに成功
五八	六九	『プュシスの本質と概念について』雑誌発表（『道標』収載） 五月『語』講演（『言葉への途上』収載） 三月『ヘーゲルとギリシア人』講演（五九年刊行、『道標』収載）	フルシチョフ、ソビエト首相となる
五九	七〇	一月『言葉への道』講演及び雑誌発表（『道標』収載）	米ソ巨頭会談。西ドイツの社会民主党が国民

		『言葉への途上』刊行、六月『ヘルダーリンの地と天』講演（六〇年雑誌発表）七月『メスキルヒの故郷への感謝』講演（六一年刊行）	政党へ転換
一九六〇年	七一歳	七月『言葉と故郷』講演及び雑誌発表	
六一	七二	**『ニーチェ』**（二巻）刊行	ケネディ、アメリカ合衆国大統領になる　ベ**ルリン危機起こる**　ソビエトと中国の対立表面化す
六二	七三	『存在についてのカントのテーゼ』雑誌発表（『道徳』収載）『技術と転回』刊行	
六三	七四		西ドイツでエアハルトが首相となる
六六	七七	「世界の夜の真夜中」に対してスピーゲル紙へ投稿	**キージンガー、西ドイツ首相になる**
六七	七八	**『道標』**刊行	
六八	七九	『時間と存在』雑誌発表	
六九	八〇	『思索の事象のために』刊行、『神学と哲学』パリで刊行、『芸術と空間』刊行	
七〇	八一	『現象学と神学』、『マルチン・ハイデッガーの対話』、『ヘラクレイトス　E・フィンクとの対話』刊行	
七一	八二	『人間の自由の本質についてのシェリングの論文』刊行	
七二	八三	『初期著作集』刊行	
七五	八六	全集の刊行始まる	
七六		五月二六日メスキルヒにて没す	

参考文献（翻訳書）

翻訳書は、ほぼハイデッガーの執筆順にならべた。ただ理想社からハイデッガー選集という名で多数の書物が出ているので、それらはひとまとめにしておいた。なお『存在と時間』には数種類の翻訳がある。

存在と時間(上・下)　寺島実仁訳　三笠書房

存在と時間(上・下)　松尾啓吉訳　勁草書房

存在と時間(上・中・下)　桑木務訳　岩波文庫

有と時　辻村公一訳　(世界の大思想第28巻)　河出書房

カントと形而上学の問題　暉峻凌三訳　(世界大思想全集第20巻)　河出書房

ヒューマニズムについて　桑木務訳　角川文庫

乏しき時代の詩人　手塚富雄訳
哲学とは何か　原　佑　訳
｝世界思想教養全集第22巻「実存の哲学」内

根拠律　辻村公一訳　創文社

ハイデッガー選集　理想社

存在と時間（上・下）　細谷貞雄他訳

カントと形而上学の問題　木場深定訳

形而上学とは何か　大江精志郎訳

形而上学入門　川原栄峰訳

真理の本質について
プラトンの真理論
｝木場深定訳

芸術作品のはじまり　菊池栄一訳

世界像の時代　桑木務訳

ニーチェの言葉「神は死せり」
ヘーゲルの「経験」概念
｝細谷貞雄訳

乏しき時代の詩人　手塚富雄訳

アナクシマンドロスの言葉　田中加夫訳

野の道
ヘーベル－家の友
｝高坂・辻村訳

ヘルダーリンの詩の解明　手塚他三名訳

思惟の経験より　辻村公一訳

哲学とは何か　原　佑　訳

有の問いへ　柿原篤弥訳

同一性と差異性　大江精志郎訳

放　下　辻村公一訳
詩と言葉　三木正之訳
ことばについての対話　手塚富雄訳
有についてのカントのテーゼ　辻村公一訳
技術論　小島・アルムブルスター訳

参考文献（単行書に限る）

パスカルとハイデッガー　ヴィット、柴田治三郎訳　未来社
ハイデッガーと西洋の形而上学　ミューラー　新田義弘訳　理想社
ハイデッガーの存在論　フイエタ　川原栄峰訳　理想社
ハイデッガー　原　佑　勁草書房
ハイデッガーはニヒリストか　高坂正顕　創文社
ハイデッガーの実存思想　渡辺二郎　勁草書房
ハイデッガーの存在思想　渡辺二郎　勁草書房
ハイデッガーの哲学　佐藤慶二　理想社

さくいん

【人名】

【書名】

【事項】

——完——

ハイデッガー■人と思想35　定価はカバーに表示

1970年7月15日　第1刷発行©
2014年9月10日　新装版第1刷発行©
2018年2月15日　新装版第2刷発行

・著　者 ……………………………… 新井《あらい》　恵雄《しげお》
・発行者 ……………………………… 野村久一郎
・印刷所 ……………………………… 図書印刷株式会社
・発行所 ……………………………… 株式会社　清水書院

〒102-0072　東京都千代田区飯田橋3-11-6
Tel・03(5213)7151～7
振替口座・00130-3-5283
http://www.shimizushoin.co.jp

検印省略
落丁本・乱丁本はおとりかえします。

CenturyBooks

Printed in Japan
ISBN978-4-389-42035-2

CenturyBooks

清水書院の〝センチュリーブックス〟発刊のことば

近年の科学技術の発達は、まことに目覚ましいものがあります。月世界への旅行も、近い将来のこととして、夢ではなくなりました。しかし、一方、人間性は疎外され、文化も、商品化されようとしていることも、否定できません。

いま、人間性の回復をはかり、先人の遺した偉大な文化を継承して、高貴な精神の城を守り、明日への創造に資することは、今世紀に生きる私たちの、重大な責務であると信じます。

私たちがここに、「センチュリーブックス」を刊行いたしますのは、人間形成期にある学生・生徒の諸君、職場にある若い世代に精神の糧を提供し、この責任の一端を果したいためであります。

ここに読者諸氏の豊かな人間性を讃えつつご愛読を願います。

一九六六年

清水幹雄

SHIMIZU SHOIN